JN289529

Facade Facade Facade

お客を集める
外装デザインは
ここが違う

なぜ、あの店に入りたくなるのか

神田 美穂 *Miho Kanda*

Welcome!

同文舘出版

はじめに

街を歩いていて「気になるお店」に遭遇することがあるかと思います。安さや業態や料理という物理的な要素に惹かれることももちろんありますが、「お店の入口の雰囲気に気持ちがそそられた」という理由も、お店を選ぶ条件としては大きいはずです。

特に女性は「いい感じ」なたたずまいに弱い。「いい感じ」につられて「このお店に入ってみよう」と決断する時間がどれくらいか、ご存じでしょうか?

消費者心理から言うと、人はたった3秒という短い時間で「入るか、入らないか」を決めているのです。その3秒でお客様の心をつかむことができるかどうかで、お店の売上が変わってしまうのです。したがって、お店のファサード(入口正面)に吸引力をつけることは、売上を左右する重要な要素となります。ファサードのたたずまいがどのような印象を持つか、が大切なのです。

今までのように「モノを売っていれば売上が上がる」時代は終わりました。商品自体の品質格差が少なくなり、欲しいモノは簡単に手に入る時代です。パソコンのキーボードをたたいて実行キーを押せば、翌日手元に商品が届く時代です。簡単にモノを手に入れることができる時代だからこそ、お店に求めるものも変わってきている――まずはここに気づくことが大切です。

お客様がお店に求めるものとは、「商品」ではなく、「ライフスタイル」、言いかえれば「お店での感動体験」を求めているのです。モノを売るのではなく、ライフスタイルや感動体験を売ること——これが、今お店に求められている重要な価値とも言えます。

お店での気持ちの高揚こそが、感動を生み、その感動体験に満足を覚え、満足するからお金を払う。そんなしくみづくりが、今求められる「売れるお店」の要となります。

繰り返しますが、お客様をいかに感動させるか、がお店に課せられた課題なのです。

お客様はその感動に触発されてはじめて「この商品が欲しかったんだ」という潜在意識を目覚めさせ、モノが欲しくなる。今や消費者の85%が「欲しいモノがない」と言っている時代ですから、お店側が欲しくなる「しかけ」をつくっていかない限り、お客様の足は遠のくばかりです。


デザイナーの〝作品〟になってしまっている建物をよく目にしますが、お店のデザインは大きな販促ですから、お客様が入ってくれてはじめてお店になるのです。お店の顔であるファサードは、もっとも大きな販促力と言えます。そのファサードにこそ、お店に入ってみたくなる「隠されたしかけ」が必要です。

商品をきれいに並べただけでお客様を待っている時代は終わりました。お店のデザインはもはや、ただかっこよくおしゃれな〝形遊びデザイン〟では、お客様は入店してくれないのです。

なぜこの店に入りたくなったのか、という理由は、お客様にとってはどうでもいいことなので、お客様本人に聞いたところで、「なんとくいい感じだったから……」くらいにしか認識されていません。

しかし、その「なんとなくいい感じ」に思わせるには、実は入口だけでもざっと20から30以上もの要素、つまり「しかけ」が隠されています。それらの「しかけ」が組み合わされてできた「雰囲気」という吸引力に、お客様が引き寄せられているのです。この吸引力をつけることこそが、お客様に「入ってみたい」と思わせる大きな販促となります。

では、その吸引力が生まれる「しかけ」にはどんなものがあるのでしょうか？

それは、本書で１００項目にわたってくわしくご紹介しています。簡単に説明すると、入口のアプローチのつくり方、看板のデザイン、看板の内容、ファサードの照明計画、色使い、消費者がお店に惚れる心理、ライフスタイルの見せ方、オープンまでの販促計画などです。

本書では、お客様が入りたくなるファサードをつくるための「しかけ」こそが売上を大きく左右するという視点から、これまでよしとされてきたデザインや考え方とは違った見方でそれぞれをひもといています。

お店は一時が万事です。最初に与える印象で中身まで判断されてしまうのですから、よい印象を持ってもらうために、あらゆる策を講じることが大切です。

しかけづくりとは、ただ単にお店を華やかに飾ることではありません。人間の五感すべてに訴える訴求力をお店のファサードでつくり出すことがもっとも重要なのです。

◎なぜ、あの店に入りたくなるのか――お客を集める外装デザインはここが違う

◎Contents

Facade

1章

「見た目で売れる」しくみづくり

CONTENTS

2章

入りたくなるお店の外観をつくるための10の方法

3章

入店動機と照明の関係10の効果

Facade

4章 間違いだらけの看板選び

CONTENTS

Facade

5章

間違えないための看板選び

Facade

6章

ファサードの落とし穴

Facade

7章 入りたくなるファサード

CONTENTS

8章

期待を裏切られると二度と入りません!

9章

女性の心理を見抜けばお客は増える

Facade

10章

「入りたくなる」販促

カバー・本文デザイン　齋藤稔
本文ＤＴＰ　ムーブ（大塚智佳子）
本文イラスト　小泉輝代子

1章

「見た目で売れる」しくみづくり

Attractive Facade

買いたいモノがない消費者たち

「欲しいと思ったモノは必ず手に入れる」――そんなすさまじい気迫を持ち合わせている女性が、消費の大半をしめています。

しかし一般的には、現代のような、欲しいモノが必ず手に入る「モノ余りの時代」には、商品を見てすぐさま買いたいという域まで欲求が至らないケースも少なくありません。

●買いたいモノがない消費者

最近「モノが売れない」とよく耳にしますが、ある調査によれば、実に消費者の85%は「買いたいモノがない」と言っているようです。そんな消費者に、「買いたい！」と思わせるにはどうしたらいいのでしょうか？

それには、まず「モノが売れない時代に単純にモノを売っていては、売上が上がるわけがない」という意識を持つことが大切です。

この認識が薄いと、視点のずれた売り方に生涯悩み続け、あげくのはて、「安くしないと売れない」と、低価格競争に飲みこまれることとなります。安くしたときだけにしか商品は流れず、結果、大量にかかえた在庫とのにらめっことなってしまいます。

どこで買っても同じモノだったら、価格の安いところで買うのは当たり前です。そうなると競合店は大手ディスカウントショップなどの生活用品消費型店舗となり、地域の小売店には勝ち目がないのはおわかりかと思います。

まずは、消費者が「モノ」そのものに欲求を感じなくなっていることを理解することから商売を考えましょう。

●〝モノ〟だけを売ってはいけない

つまり、「いらっしゃいませ！」とモノだけを売る時代は、終わったということです。

これからのお店づくりでは、いかに、消費者に「これが欲しかったんだ」という気持ちにさせるか？　どうすれば消費者を買う気にさせることができるのか？　を考えることが、売上を上げる最大の鍵です。

商品の機能や利便性などの「モノ」としての価値を謳うのではなく、そのお店で買うことの意義に気づかせてあげることが重要なのです。

SALE SAL
+25ml
limited edition!
bubble's
+25
bubble's
+25
SALE
SHOP
2set+1
SALE

“モノ売り店舗”に魅力はない、“体験型店舗”に人が集まる

●多様化するニーズを捉える

書店の雑誌コーナーに並ぶたくさんの月刊誌を見ると、今の時代の消費スタイルが読めてきます。毎月のように新しいジャンルの雑誌が創刊されていて、いったい誰が買うのだろうと不思議に思いますが、ちゃんとターゲットは存在しています。

さまざまなスタイルの雑誌が存在できるのは、顧客のニーズが多様化しているから、と言えます。多くの情報の中から自分が共感できる情報を選択して、自分の求めるライフスタイルを明確化している時代とも言えます。

そういう中で自然と目や舌が肥えて、“普通の商品”じゃ満足しなくなっていることも事実です。

●憧れの空間に価値を見出す

今話題のカリスマモデルのライフスタイルを紹介した本が飛ぶように売れ、自由が丘には、カリスマモデルが大切にするものを集めたお店があるのをご存知でしょうか？ライフスタイルをまねしたいという消費者の心をつかみ、売る商品が追いつかない状態です。

その人が大切にするもの（価値観）や好きな空間、好きな色に、好きな音楽、好きな本で溢れた店内は、お店というより、まるでカリスマモデルの自宅に来たような感覚を持ちます。

お客は、商品を買いたいというよりも、その空間にいられることに大きな価値を見出しているのです。

これは有名なカリスマモデルのお店という特異な例だとしても、買いたいモノがない中で、着実に売上を伸ばしているお店も存在しているということは注目に値します。

●「感動体験」の提供が生き残りの条件

それらのお店にどうしてお客様が集まるのかというと、優れたモノ（商品）があったわけではなく、すばらしい「体験」があるからなのです。自分が共感するライフスタイルがあるからなのです。

つまり、「これが欲しかったんだという潜在的な欲求を呼び覚ます『感動体験』があるお店が生き残りの条件」という時代なのです。

▶ある雑貨店

アンティークの小物やガーデニンググッズなどを売っているお店の内装デザインです。店内にもうひとつのお店があるイメージで、夢の中の世界が現われたような不思議な体験ができるお店です。同じ商品でも、お店でのワクワク体験が隠された空間で商品を選ぶほうが断然楽しいはずです。商品以外のどんなことに感動してもらうかが、売れるお店の最大の販促です。

「入る」「入らない」は3秒で決まる

●〝雰囲気〟がお客さまの気を引く

なにげなく道を歩いていて、皆さんはどういうときに「あっ、このお店に入ってみよう」という衝動にかられますか？　勧誘の声に誘われたから？　商品が豊富そうだったから？　ＰＯＰに引かれたから？

動機はさまざまでしょうが、注目されている来店動機に「なんとなく雰囲気がよさそうだったから」というものがあります。「雰囲気がよさそう」という理由は曖昧で具体的に捉えにくいと頭をかかえるオーナーさん達も多くいらっしゃるのではないでしょうか。

●店頭の雰囲気がお店のイメージを決める

人の印象は８割が外見で決まります。それと同じで、入店率も「店頭の雰囲気」が大きく左右します。お客様はお店のイメージを「店頭の雰囲気」で固定化してしまうのですが、その時間が認知心理学ではたった3秒だと言われています。たった3秒で「入りたいか」「入りたくないか」を決めてしまうのです。

ただ面白いことに、お客様は、「入りたい」お店だと認知してもすぐに足を運ぶのではなく、「何を売っているのだろうか？」「どんなお店だろうか？」「中の雰囲気はどうだろうか？」など、お店の方が気づかないところで様子をうかがっているのです。

●3秒で惹きつけるしかけをつくる

いずれにしても大切なのは、「自分のお店は何を顧客に伝えたいのか」「どういうスタイルのお店であるか」「何を売りにしているのか」が3秒でわかる雰囲気を店頭で表現することです。

そのためには、お客様にお店のスタイルを想像させましょう。入口のアプローチにワクワクする、サイン・看板のセンスがいい、ガーデニングの手入れがいい、など、入口を見て何かしら印象を与えることが大切です。

印象を持ってもらうためには〝しかけ〟が必要です。スタイルをつくるにはいろいろな小道具が必要です。店頭に置く看板や照明、サインや植物などの小道具をお店のスタイルに合わせて使いこなしてこそ、いい雰囲気をつくり出せるということです。

外観の雰囲気で読みとる
3秒で入りたいと思わせる3原則

お店 → **お客様**

雰囲気をつくる → **ライフスタイルが感じられる**
お店のデザイン、色、素材、照明などがつくり出すファサードの雰囲気を感じとる

↓

想像させる → **ワクワクする体験が想像できる**
ファサードの雰囲気から、店内でのワクワクする感動体験を想像する

↓

歩かせる → **人／モノ／看板／POP／メニューに誘われる**
店内のお客様や、看板やＰＯＰ、メニューなどの文字販促が入店を決定づける

ひと目惚れの心理を見抜け

お店に置いてある商品がどんなに立派でも、扉を開けてもらわないと購買にまで進みません。「いいなあ」と思える「感動体験」が入口から感じられればこそ、お店に足が向くというわけです。

●「ひと目惚れ」させる店をつくろう

つまり、お客様の心に訴えかける「感動」がお店の外観から感じられるか、または外観で店内の様子や商品のセンスのよさを想像できるかどうかで来店率が決まってくるのです。

これは「ひと目惚れ」の感覚と似ています。

パッと見てひと目惚れする理由は、やさしそうだったから、かわいかったから、洋服のセンスがよかったから、笑顔がステキだったから……と、瞬時に感覚的に気に入っているわけです。お店も瞬時に惚れさせることが大切です。

●お店全体のバランスが雰囲気をつくる

サインの文字、看板の印象、壁の素材や色使い、テントやのれんの質感と色使い、照明のあて方や種類、植物の種類に植え方、メニューのデザインと見せ方、スタッフの笑顔など……。それらがトータルにバランスよく組み合わされてはじめて、そのお店のスタイルに顧客が惚れるレベルに達します。

これは、パワーある人に人が集まって来たり、カリスマ的な雰囲気の人がモテるのと同じで、人気のお店も何らかの魅力があるからこそ人が集まってくるのです。

●〝機能〟だけで店をつくるな！

「このガーデングッズ、ホームセンターで安かったからお店に置こう」「看板をデザインしてもらうとお金がかかるから、ワープロでつくればいいわ」「植物はメンテナンスにお金がかかるし手間が大変だから、造花を置けばいいわ」「経済的だから蛍光灯の照明を使いましょう」などという具合に、機能だけの面でお店づくりをしていると、「ワクワク」するような雰囲気はつくれないのです。

部分的な箇所だけを見ていると、どうしてもチグハグした印象になりがちです。ステキな「点」が組み合わされてはじめて、雰囲気ある「面」ができることをお忘れなく……。

「外観デザイン」「色」「素材」「照明」「看板」「ロゴデザイン」「テントやのれん」「植物」「商品」などが一貫したライフスタイルを感じさせる時

ファサードでお店全体を判断される

●ファサードが売上をつくる

繰り返しますが、3秒でお店の印象が決まってしまうわけですから、お店のファサード（入口）の雰囲気しだいで、売上が決まってしまうと言っても過言ではないでしょう。

お店のファサードを見れば、どんなオーナーで、どんな商品があり、どんなインテリアなのか、そのお店のライフスタイルまでもが想像できてしまうのです。

いわば、たくさんの面接官に常に見られているようなものです。よく見せようとすれば意味もなく表層的な部分を着飾ってしまい、本質を忘れがちですが、それでは的を外すばかりです。

「ワクワク体験ができるお店」が求められていることは、つまり「心の豊かさが求められている」時代の反映だと考えましょう。モノをたくさん持つことが豊かさではなくなり、「豊かな時間の使い方ができる」ことが消費の最大の関心事となっているのです。

「体験」があって「感動があって」「ワクワクする時間」があれば、どんな業態でも人は集まってきます。その体験をファサードで演出すればどうでしょうか？

お客様が入らないわけがないのです。

精神論のようで具体的にわからないと思っている方は、答えをすぐに求めてしまうタイプの方ですね。まずは根本である消費者の心理を十分に理解しないと、「点」だけしか見えない状態になってしまいます。

●ファサードでお店の〝志〟を伝える

これに対応するには、オーナーはまず、自分のお店のライフスタイルを構築することです。

自分の熱意や考えをしっかり伝えようと思えばおのずと、どう表現するべきかが見えてくるはずです。「お店＝商品を並べる建物」という物質的な存在でしか捉えていないオーナーの熱意は、お客様には伝わりません。

どういう志でお店を経営しているのか、何を大切と考えているのか、どんなスタイルを提案するのか、今一度考えてみてください。

▶「菓匠しみず」長野県伊那市
いかに外観の雰囲気だけで入りたいと思わせるかを課題にした店舗です。外観のデザイン、ガーデニングの雰囲気、看板のデザイン、アプローチでワクワク体験を想像させることによって集客をはかります。ライフスタイルを提案するお店が今、求められているのです。

何にワクワクするのか、お客様自身はわからない

人は何に「ワクワク」するのでしょうか?
旅行の計画をたてているとき、遠足の前日、ディズニーランドのゲートをくぐったとき、結婚式の準備、プレゼントをお店で選んでいるとき、プレゼントをもらえるときなど、さまざまなシーンでワクワク、ドキドキを感じることでしょうが、結局、「想像すること」でワクワクしたり、ドキドキすると言えるのではないでしょうか。

●心を高揚させる体験を演出する

一度体験すればワクワクしないかと言えば、そうでもなく、想像どおりだったところや、想像以上だったところでは、その感覚を覚えている以上、同じ場所へ行っても何度も高揚感を体験できるのです。

駄菓子屋さんで買い物するときの、子供の頃のワクワク体験を再現した、昭和30年代頃を演出したお店などが流行りました。

物質的には満たされて何でも手に入る時代の中で、消費の動向は心を高揚させる感覚を体験できる場所や時間を買うことへと、立ち返っています。

そうであるならば、お店のデザインや演出も変わってこなければおかしいと言えるでしょう。

何も懐古的なデザインにするということではなく、「お客様の心をくすぐるお店」「想像する楽しみを味わえるお店」「それらを体験できる時間を売るお店」に変わるべきなのです。

●ポイントは手に届きそうで届かない憧れ感

お客様は昔懐かしいワクワク感は覚えていますが、街を歩いていて何にワクワクするのか、具体的にはわかっていないのです。

通りすがりのお店のファサードの雰囲気に「こんな家に住んでみたいなあ」「いつかこんなガーデニングをしてみたいなあ」「こんなテラスで友達とパーティーなんていいなあ」と、自分の生活の延長線上にある「ワクワク」をお店に求めています。

「手に届きそうでいて、実はなかなか手に届かない」憧れの部分をくすぐるデザインをファサードで演出できれば、お客様の足はおのずと向いてきます。

今、求められているお店とは

感覚刺激型店舗

ワクワクその1

①お客様の心をくすぐるお店

「かわいい！」「かっこいい！」「すてき！」が
お店の外観で感じられる雰囲気の演出

↓

スタイルをかもし出すお店全体の雰囲気
惹きつける「匂い」の演出

ワクワクその2

②想像する楽しみを味わえるお店

お客様の生活シーンに取り入れたくなる提案

↓

商品を使ったディスプレイ
手に入りそうで入らない徹底したスタイル

ワクワクその3

③ライフスタイルが体験できるお店

買い物する「こと」が楽しくなる演出

↓

商品のセンスと種類
こだわったBGM
センスある外観やインテリア

入口扉までのアプローチが勝負

●日本の神社仏閣に学ぶ店づくり

ヨーロッパの寺院を見ると、すばらしい装飾美に圧倒されます。これでもかというくらい建物の存在感を強調しているように見えます。

寺院のことを言うと専門家の方から非難をあびそうですが、私が見たヨーロッパの寺院はたいてい、壮大な建物が街の中にいきなり存在しているという印象です。

それに比べて日本の神社仏閣は、本殿にたどり着くまでの道のりが長く、長い参道を歩いて、何回も門をくぐって長い回廊を通っているように感じます。

●長いアプローチは想像力をかきたてる

このような長いアプローチは、たどり着くまでに想像する楽しみを味わえます。本殿に近づくまでの道のりにある庭園や置物に目をやりながら、その場に自分をなじませているようにも感じます。

実は、アプローチにはワクワクする心の高揚感を生むのに重要な役割があります。お店も同様に、入口までの距離をできるだけ長くとりたいものです。

プレゼントのリボンをゆっくりとほどきながら、箱の中身を想像する楽しみを味わうように、ゲートをくぐったり、のれんをくぐったり、石畳をあるいたり、庭の中を歩いたり……。

アプローチがうまくつくられた場所は、音楽で言うとイントロがきちんと構成された曲だと言えます。

●無駄なスペースが心遣いを感じさせる

「そんなスペースがあれば駐車場にでもするよ」「店舗面積を敷地いっぱいにして客席数を少しでも増やすよ」と言われる方も多くいらっしゃいます。

しかし、一見無駄なスペースと思われがちな空間こそが、お客様を惹きつける大きな販促となるのです。心に訴えかけるオーナーのもてなしの心遣いを感じる重要なスペースなのです。

お客様は「感動体験」に五感をフルに働かせたいのですから、利にかなった、スタッフの立場で考えた合理的な考えが、ときには商売をダメにすることもあるということを忘れないでください。

▶「菓子工房オークウッド」埼玉県春日部市

少しでも駐車スペースを確保しようと、入口扉前がいきなり駐車場だったら、このお店の雰囲気は半減してしまいます。また、アプローチの距離を長くとることで、周りの風景と空間に包まれて、徐々にお店のライフスタイルに引き込まれていきます。そして扉に行き着くまでに、店内での体験に心躍らせて歩くことになります。

看板に隠された七つの要素

●看板は名札じゃありません

お店のファサードには必ず看板が存在します。お客様を迎え入れる最初の販促です。看板はお家で言う表札の役割を持ちますが、販促でもあることを忘れがちです。つまり、お店の名前を書けばいいだけの〝名札〟とは異なるのです。

看板には考えなくてはならない七つの要素が隠されています。①大きさ、②素材、③色使い、④ロゴデザイン、⑤イラスト、⑥照明、⑦設置場所。これらをお店のライフスタイルに合わせてバランスよく構成していく必要があります。業態別に看板のあるべきデザインが存在するのではなく、お店のライフスタイルによってこれらの要素が変わっていくのです。

たとえば、手づくりの温もりを感じさせるカントリースタイルのお店ならば、ナチュラルな素材感の丸太をスライスしたものに、手書きでお店の名前と売りとなる商品の絵を描き、正面は直接板にオレンジ色の照明をあて、ガーデンの中に独立して、子供の目線でも見えるように少し低い位置に置く、というようにすると、お店のスタイルを表現できるでしょう。

シンプルモダンでありながら温もりも感じさせたいお店なら、四角のフラットな木板に、スチールの切り文字のサインを板から5、6cm浮かせて設置して、その切り文字の裏にチューブ照明を入れてお店の名前が浮き立ったように見せる。色は木そのものの色と、文字の色だけという具合に、たくさん色を使わないようにして、照明は間接照明で陰影の効果を狙う。

あるいは、看板自体は小さくとも、建物のファサード全体が看板の役割をはたすデザインもあります。

●デザインでお客様の想像をかきたてる

忘れてはならないのは、「この看板を見てお客様がどんな印象を持つか」と意識してデザインすることです。看板を見たお客様に「おいしそう」とか「入ってみようかしら」と想像してもらうには、考えられたしかけが必要です。看板しだいで、お客様の印象をよくも悪くも変えることが可能なのです。

施工前：テナントショップなので、間口の幅約6m×高さ3mのファサードがお店自体の看板になります。デザインも色使いもこれではお店のスタイルがわかりにくく、おいしそうな印象がうかがえません。

施工後：お店のライフスタイルをつくり出すファサードのデザインにリニューアルし、看板もおいしそうな印象と、メニューが日替わりで変わる印象にするために、黒板を引っかけ式にしました。

施工後の看板

色使いで人を誘う

●色の特性とお店の特徴を考える

先日、家の近くに「おこげのお店　○○」というテナントショップがオープンしました。大きな乳白色のアクリル板にゴシック体のロゴで書かれたお店の名前は紫色です。それを直接ライトアップしている看板です。

どうして紫なのでしょうか？　どうしてアクリル板なのでしょうか？

「おこげのお店」と聞くとおいしそうで入ってみようかと思うのですが、どうしてこんな無機質な冷たい印象の看板を設置したのだろうかと残念に思います。「おこげのお店」というサブタイトルを入れたことはよかったのですが、料理と外装とのバランスがよろしくないのです。

ライフスタイルを考えないでお店という「箱」をつくってしまったから、と言えるのではないでしょうか。

●色でおいしさを表現できる

色には、おいしそうな色、そうでない色、食欲を増す色、食欲を減退させる色があります。それを知っていれば、情緒不安をもたらすと言われている紫色は、日常にはなかなか登場しない色です。もちろん、高貴で、神秘的な色として捉えられていることも事実ですから、このお店がおこげのお店ではなく、バーやクラブであるならこの色使いはよかったのでしょうが、大衆的な中華風創作料理店の看板としては、向いているとは言えないようです。

●オーナーの〝趣味〟には要注意

オーナーが好きな色だったのかもしれませんが、ここに大きな落とし穴があります。自分のお店だから自分の好きな色を使って何が悪い――こうお考えの方、気をつけてください。自分のお店であることには間違いありませんが、そこに入ってくるお客様が愛してくれるお店になるには、色の意味や素材が与える印象を考えたほうがいいでしょう。

イチローファンでないお客様は、イチローグッズだらけの居酒屋には、すんなり足を向けにくいものです。

同じ趣味の方だけに発信することを目的とするお店であるならいいのですが、オーナーの独りよがりの、自分の作品と化したお店をお客様は敬遠しがちということです。

▶色のインパクトで存在感を高める

色の存在感で魅せる方法と、全体の色の調和でお店の雰囲気を出す方法と、色の使い方でお店のイメージは変わってきます。

赤・黄・オレンジでおいしさや食欲をそそらせたり、グリーンや水色で落ち着きややさしさを表現したりします。

また、看板やサインなどに、ポイントやアイキャッチとしてビビッドな色を使用すると、ファサードを引き締める効果があります。

お店の中のワクワク体験を想像させる外観をつくれ

●文字に頼りすぎてはいけません

入口にたくさんの文章を書いた看板や掲示板を置いているお店をよく見ますが、歩きながら瞬時にその文字を理解するのは不可能です。2行あると人は読まないのが現実です。立ち止まってどんなお店か観察するときは、メニューは別として、看板の文字は3行までは読んでも、それ以上の長い文章ではお客様は読んでくれないようです。

つまり、これから訪れる「扉の向こう」を想像させるには、文章に頼りすぎてはいけないということです。理屈を並べて、お客様が好きになってくれるわけではないのですから。

では、お客様はお店のファサードがどんな状態であるとワクワクするのでしょうか？　また、何を見ればその先のお店の商品を見たいと思うのでしょうか？

●イメージがふくらむ店構え

入口のワクワク感はモノではなく、空間や雰囲気です。たとえば、手入れの行き届いたガーデニングを見て「ここのオーナーは入口の植物の手入れまで気を遣っているから、きっとおいしい料理をつくってもてなしてくれるんだろうなあ」「こだわったデザインの建物だから、きっと商品もこだわったものを置いているんだろうなあ」「入口の演出に心を感じるから、スタッフの対応もいいんだろうなあ」など、ちょっとしたことでイメージがふくらみます。

特に女性は観察しています。感覚的に気に入っても、2、3回通り過ぎて4回目に入ったりと、観察できる要素が多いほど想像力もふくらむということです。

まずは想像をかきたてる空間をつくりましょう。入口の庇《ひさし》はできるだけ深く、門やのれんはくぐらせる、メニューやお店のこだわりを描いた持ち帰れる販促物を入口に置く、といったこともいいでしょう。

ただし、発信する内容は開店以来同じものではなく、定期的に変えて飽きさせないことです。スタッフに直接「いらっしゃい」と入口に待ちかまえられると引いてしまいますので、お客様が想像する時間を邪魔しないように、無言の会話を空間や販促物で演出しましょう。

Hi!
material
menu
delicious
Staff
FRESH!
friemdly!!
Take Free
← Emtrance.
Cáfe and Sweets
today.

2章

入りたくなるお店の外観をつくるための10の方法

Attractive Facade

お店のライフスタイルを明確に

お店はもはやモノを売るだけの場所ではなくなったということは1章でご理解いただけたと思います。人は溢れるモノの中から、自分にとって意味のあるものを選び、意味のないものは捨てる時代になってきているのです。

では、〝感動体験のあるお店〟にするために最初に考えなくてはならないことは、何なのでしょうか？

商品のセレクト？　店舗デザイン？　販促？　いいえ、まずは自分のお店の「ライフスタイル」を決めることです。これが決まれば、商品開発と店舗設計の方向性、ひいてはお客様の層が見えてきます。

●お客様は自分のライフスタイルに合わせて買い物する

ライフスタイルとは、人の感性の違い（スタイル）を表わすものです。プリティ、ロマンチック、ナチュラル、クリア、カジュアル、クールカジュアル、エレガント、シック、ゴージャス、クラシック、ダンディ、モダン……という具合に、ライフスタイルにはさまざまあります。

お客様は普段、自分のライフスタイルに合う服や小物、家具などを選択しているのです。

つまり、ライフスタイルとはお店づくりをするうえで最初に考えなければならない「お店の方向性」です。方向性が不明確だと、思いつきで商品が生まれたり、不適切な色を使ってしまったり、店舗とパッケージのデザインがバラついたりと、まとまりがなくなります。そうなるとお客様に「自分に合うお店だ」と感じてもらえないのです。

メーカーの商品開発やブランド立ち上げの際には、企画の初期時点で決定する重要事項です。

●ライフスタイルに基づく店づくり

「ナチュラルなライフスタイル」とひと口に言っても、おとなしい感じ、開放的な感じ、懐かしい感じ……と、さらに細分化できます。この違いによって、色使い（薄い暖色系／淡い寒色系）や形（尖って直線的／やわらかく緩やか）も変わります。

お店のライフスタイルに基づいて、外観や内装の色や形、パッケージや看板やロゴデザイン、BGMやディスプレイの小物……などを決定していくことになります。お店づくりはここからスタートします。

ライフスタイルが決まって はじめてお店づくりがはじまる！

お店づくりで
まずはじめに考えることは

どんなライフスタイル？

プリティ、ロマンチック、ナチュラル、クリア、カジュアル、
クールカジュアル、エレガント、シック、ゴージャス、
クラシック、ダンディ、モダン……

ライフスタイルに筋をとおすこと！

お店のデザイン
お店の形
内外装の素材
内外装の色
ロゴデザイン
パッケージデザイン
看板デザイン
BGM
ユニフォーム
HPデザイン

ファサードの雰囲気は徹底的につくる

ライフスタイルが決まれば、商品の方向性が見えます。お客様の層も見えてきました。ニーズも見えてきました。そうして商品を揃えました。さあオープンです！　と、ここで「ちょっと待った！」です。

これならインターネットや通信販売のほうが、わざわざお店に行く手間がかからず、同じ商品で安いものを探せるので手っ取り早いと思いませんか？

そうです。お客様が足を運んで来てくれるお店の醍醐味が欠けているのです。お客様がわざわざお店に行って買い物をする意味つくらなければ、売れるお店にはなることはむずかしいでしょう。

●お店に行く〝意義〟は時間を楽しむこと

では、お店の醍醐味とは何なのでしょう？　商品に触れることができる、飲食店なら匂いを体験できる、お店のディスプレイが見られる、なんとなくフラフラできる――どうでしょうか？　お店なら「空間を体験」して、買い物する「時間を楽しむ」ことができるのです。

ですから、お店のファサードも通販のカタログのような平面的な演出でなく、買い物の楽しさを想像できるようにする必要があります。

●〝心遣い〟が感動を生む

では、具体的にどのようなお店で「時間を楽しむ」ことができるのでしょうか。

まずは、「入口でどのように迎えると喜ばれるか」「自分がどうされたら嬉しく思うのか」を考えてみてください。

たとえば、ファサードにいつも季節の花が生けられている、入口に打ち水がされている、お清めの塩が盛られている、お香の香りがほのかにお店から香る、灯籠の光が揺らいでいる……これらは和食器を扱うお店が実際にしている心遣いです。

いかがでしょう？　控えめな中にも、お客様を迎え入れるためのやさしいおもてなしが伝わってきます。

駐車場スペースや売り場面積、厨房面積などの必要スペースばかりを優先するのではなく、無駄と思えるスペースが大きな販促となる場合が多々あります。それがお客様におもてなしの心を伝え、感動してもらえるからです。

テントや化粧屋根を使うことで入口前に空間が生まれるため、雰囲気をつくりやすくなります。テナントショップだと間口が限られるので、いかにその間口で雰囲気を出すかが集客を左右します。
これは、ある和食店のファサードです。季節の花を壺に生け、灯籠を両サイドに置き、また塩を入口に盛り、打ち水をしてお客様への無言のお迎えの気持ちを表わしています。店内の写真はなくてもファサードの雰囲気で店内をイメージさせることができます。

アプローチから想像するお店への期待

入口の扉までの〝アプローチ〟で「空間を体験」できて、そこを歩く「時間を楽しむ」ことができているなら、あなたのお店は問題ありません。

しかし、ビールの空き瓶や水やりのホースが放置されている、汚れたテントがついている、手入れをしていないプランターや、枯れっぱなしの植木が無造作に置いてある……なんてことはありませんか？

文章に書いたり、写真で見ると、この状態がみっともないということがよく理解できます。

スタッフ側の目線でしかお店を見ていないと、ついこういうことを平気で行なってしまいがちですが、自分がお客様の立場なら、こんなアプローチのお店で楽しさを想像するのは無理ですよね？　反対に、「入るのやめとこう」と判断してしまうのではないでしょうか。

●「お店」は「非日常」の空間

お店は、あわただしい日常生活の現実から離れることができる場所と考えるお客様も多いでしょう。自分の生活と同じ時間の流れや、意味もなくただ単に所帯くさい生活感のあるお店に感動があるでしょうか？

「お店＝非日常」ということを意識していないと、お店のファサードやアプローチに所帯臭さが出てくるので、気をつけましょう。きれいに掃除すればいいというものでもなく、意図的に演出するのです。

●売れるアプローチ三つの法則

アプローチ部分に非日常性を演出するには、以下のような方法があります。

①アプローチの距離を長くとる

とにかく楽しみは伸ばして、買い物に期待させる。楽しい時間を想像させましょう。

②「くぐる、またぐ、歩く」で空間をつくる

動作を「変えさせる」ことで、お客様は空間が移り変わっているような変化を感じます。

③小物が「いらっしゃいませ」の挨拶代わり

「どこで買ったのかしら？」と思われる置物をさりげなく置いてみてください。まるで小物が出迎えているかのように、お客様とコミュニケーションをとってくれます。

▶現状

植栽ボックスのコンクリートに冷たさを感じ、おいしそうな印象がありません。入口までの空間にリズム感がなく、空間が間延びしていて、退屈な印象を持ちます。

▶提案例

アプローチの地面は砂利と木の素材、木床の縁には照明を埋め込み入口に誘う演出をします。空間にメリハリをつけるために門を設け、赤いのれんをさげて、そこをくぐると入口だという印象を強めます。コンクリートの印象はなくし、竹や石などの素材で雰囲気を出します。

ガーデニングの魔法で扉まで歩かせろ

アプローチのワクワク感をつくる有効な手段にガーデニングがあります。ある程度のスペースが必要ですが、大きな販促となるため、駐車場1～2台分をなくしてでもつくりたいものです。

入口のオブジェは時間が経つとただの無機質な物体と化してしまうケースはよくありますが、植物は四季折々の顔を見せてくれ、年齢や世代を問わず心に潤いを与えてくれるからです。

●植物の心理学的効果

植物は「人を遠ざけない効果」や「人を集める効果」、「作業効率を下げない効果」など、さまざまな視覚的効果や心理学的効果を持ちます。これらを活かした外構計画の研究もかなり進んできています。

最近は少なくなった生け垣ですが、オープンカフェではあえて演出として取り入れることがあります。

ストリートから生け垣をとおして中の様子が見え隠れするシチュエーションが、歩く人の関心を引くという心理的効果を生むからです。

イングリッシュガーデンでは、生け垣に囲まれた狭い入口の向こうに、目につく「シンボル」などを設置するデザインが使われます。

このような「シンボルの奥には何があるのだろう」と想像させ、入店を促す手法は、店舗のアプローチにも応用できます。

●テーマに沿ったガーデニング

飲食店であれば食欲を増進させる効果のある植物、ゆったりとショッピングを楽しんでもらうお店ならリラックス効果のある植物、花の色の組合わせでライフスタイルを演出する植物――という具合に、植物は大きな販促力を秘めています。

一般的には、「入口をガーデニングにすると何となくきれいだから」「空間が寂しいから何となく植物を置いている」というお店が多いのではないかと思います。

しかし、何の知識もなく、ただ植物を置いているということは、実は「商売上とんでもなく損をしている」ということも言えるのです。

▶アプローチが販促

ガーデニングの販促効果は大きく、特にアプローチが長いと空間が生まれて雰囲気をつくりやすくなります。最近はガーデングッズもたくさんあり、植物を植えるだけではなく、枕木やコンテナーなどの小物を使って、空間を引き立てます。忘れてはならないのは、ガーデニングの夜の顔です。ポイントごとに照明を埋め込み、シンボルツリーは、ビーム球で陰影をつけて立体的に見せましょう。青白く、冷たい印象になりますので、蛍光灯の照明はやめましょう。

入口には〝販促植物〟を置こう

●食欲が出る植物

ベリー系植物や、キウイ、ライム、レモン、キンカンなど、実際に食べられる実がなる植物は、視覚的に食欲をそそります。また柑橘系の香りには、香りの元が気になって思わず足を止めることもあるでしょう。

しかし、飲食店の入口に香りの強い植物をたくさん置くと、香りにまとまりがなく、かえって食欲を減退させる場合があるので、植物をイメージづくりに使う際はその点にご注意ください。

●リラックスする植物

業態を問わず、お客様にはゆったりとした気持ちで買い物をしてもらいたいと思うのは当然のことです。ゆったりとした気持ちになればお店での滞留時間が増し、客単価も上がるわけですから、お客様にはぜひ入口からリラックスしてもらいましょう。

この場合、鎮静効果のあるハーブが効果的です。やさしい香りに加え、小ぶりな花は控えめで愛らしいものです。白や黄色やブルーなどのやさしい色が多く、レストランはもちろん、カフェや雑貨屋さんにも最適です。ゆったりとした気分になれば、おいしいお茶や食事を想像して食欲が増したり、雑貨店ではハーブティーに必要な小物が欲しくなることもあるでしょう。

●シンボルツリーが集客力を高める

ガーデニングを計画するうえでは、お店のシンボルツリーを1～2本植えることをぜひ考えてみてください。

シンボルツリーは背が高いものが適しています。庇や門がない店舗でも、頭上を枝や葉が覆っていれば、葉の間から差し込む木漏れ日と影が空間をつくってくれるからです。また、がらんとした低木より、大きな木の側を通るほうが、守られているような安心感も覚えるはずです。

すべてを常緑樹にすると葉が落ちないので手入れが楽ですが、印象が堅いので、できれば四季の変化を楽しめる落葉樹も植えたいものです。

葉が落ち、芽吹き、新緑が輝き、風になびく落葉樹からは生命力を体感できるでしょう。

どちらもお店のアプローチです。季節ごとに表情を変える落葉樹と、1年をとおして葉がついている常緑樹とをバランスよく配置します。入口には、花が咲く植物、実をつける植物などを置くと、通りすがりの人の目にもつきやすくなります。入口にはオリーブやもみの木、かつらの木、ライムの木、ブルーベリーの木などをよく使います。ガーデニングはお客様とお店の潤滑油になります。必ずと言っていいほど植物のことをネタに話しかけてくれます。

効果的なガーデニング実践編

お客様に感動を与えるガーデニングのポイントを四つ、以下に取り上げます。

●地面が平らである必要はありません

ガーデンの地面が平らなところばかりでは、単調で空間に強弱が生まれないため、おもしろみに欠けてしまいます。草花の丈の高低だけでは表現しづらい自然な印象を、土地の起伏で補いましょう。

もし、すでに起伏のある土地をガーデニングする場合は、ぜひその形状を活かした計画にするといいでしょう。

●草丈を考えて奥行きのある植栽計画を

草丈の低いもの、中くらいのもの、1メートル位のものなど、それぞれの特性を活かして植物を配置してください。背丈の高い木を植えると、庭に奥行きが生まれ、建物に重厚感が出てきます。

また、幹や枝を幾重にも交錯させていくと実際の距離のわりに奥行きが生まれ、庭を大きく見せてくれる効果があります。

●うねった細い小道をつくりましょう

ガーデニングの中を歩くアプローチ（小道）は大切です。ただ遠くから観賞するガーデンでは平面的で心になじみにくいので、その空間を体感できる小道はぜひつくりましょう。

人が通れる、幅40～50cmもあれば十分です。直線的ではなく、自然に水が流れてできた川のように、蛇行し、うねった形状のほうが庭に変化がつき、視線にも動きが生まれます。

●石を上手に使いましょう

樹木ばかりでなく、石は、花を引き立てるのにとても効果的です。ポイントに石を配置することで、目立たなかった繊細な花も生き生きと見えてきます。

石に限らず、枕木や煉瓦積みなどで水場を造作すれば、空間に奥行きが生まれ、そこを通るお客様を飽きさせません。

エントランスでお客様の意識を惹きつけるほか、植栽の高低でお店の全貌をすぐにつかめなくするなど、期待感を高める演出が大切です。

人の流れを誘うエントランス

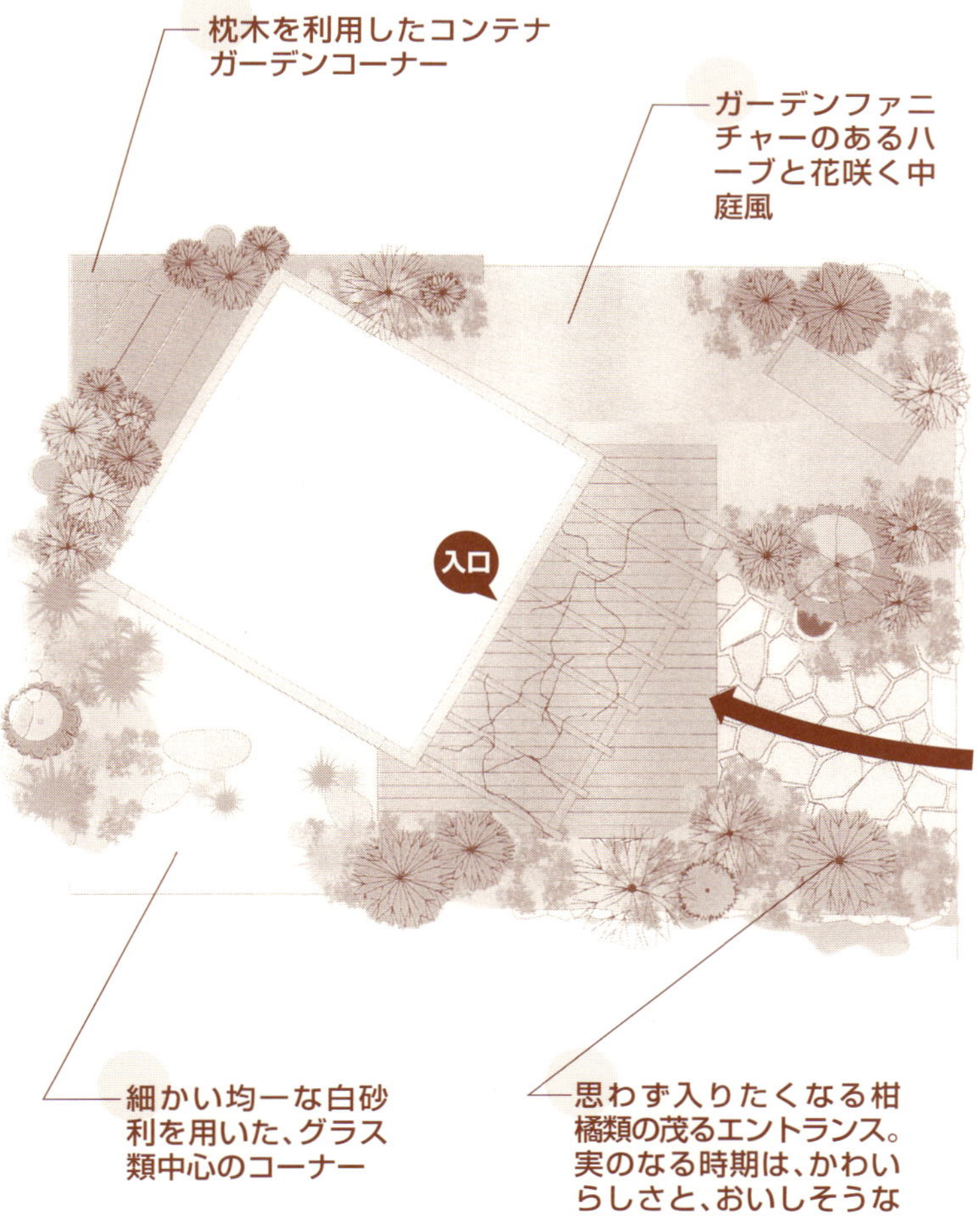
思わず入りたくなる柑橘類の茂るエントランス。実のなる時期は、かわいらしさと、おいしそうな印象でお客様の目を楽しませます

入口を駐車場でふさぐなかれ

●駐車場の車とライフスタイルは合っている？

スペースを有効活用しようとして、駐車場をお店の正面に持ってくるケースはあとを絶ちませんが、何の工夫もなく入口の前に駐車場をつくることは、販促効果を半減していると言っても過言ではありません。

お店のライフスタイルに合った車がお店の前に置かれているのであれば販促的には効果的で大いに賛成ですが、お客様の車がお店のスタイルに合うことはまれです。

そうなると、車は生活感溢れるただの鉄のかたまりとなり、せっかくのお店の雰囲気を壊してしまいます。せっかく雰囲気よくファサードを演出しても、車の影に隠れてしまっては意味がありません。

●小道をつくり、シンボルツリーを植える

地形上、どうしても店舗の前に駐車場を持って来ざるを得ないという場合は、せめて入口扉の前の車2台分ぐらいのスペースは、お店に入ることを盛り上げる演出に使ってください。

車2台分を入れることより、大きな販促として行き交うお客様の関心を引くこととなりますから。

車2台分のスペースの有効な活用法は——アプローチの小道（最短でも車の長さ約5ｍがとれる）をつくり、シンボルツリーによる自然の門扉（あえて門扉をつくらずとも、木の枝が見えない仕切となり、歩道との境界になる）をつくり、看板やメニューを置く、ガーデニングを施し目のやり場をつくる、といったことです。

●〝移動ゾーン〟にならないように

注意点は、単なる〝移動ゾーン〟とならないような演出を心がけること。ただの移動ゾーンの道となってしまうと、そこにメニューや販促物を置いてもお客様は関心を持ちません（移動ゾーンの落とし穴については、後ほどくわしくお話しします）。

常にアプローチにはお客様の目を止め、心を惹きつけるディスプレイが必要です。オブジェ、パーゴラ、手入れの行き届いた季節の花々、プランター、魅せる看板など、さまざまなしかけを駆使しましょう。

あるパン屋さんのアプローチのプラン例

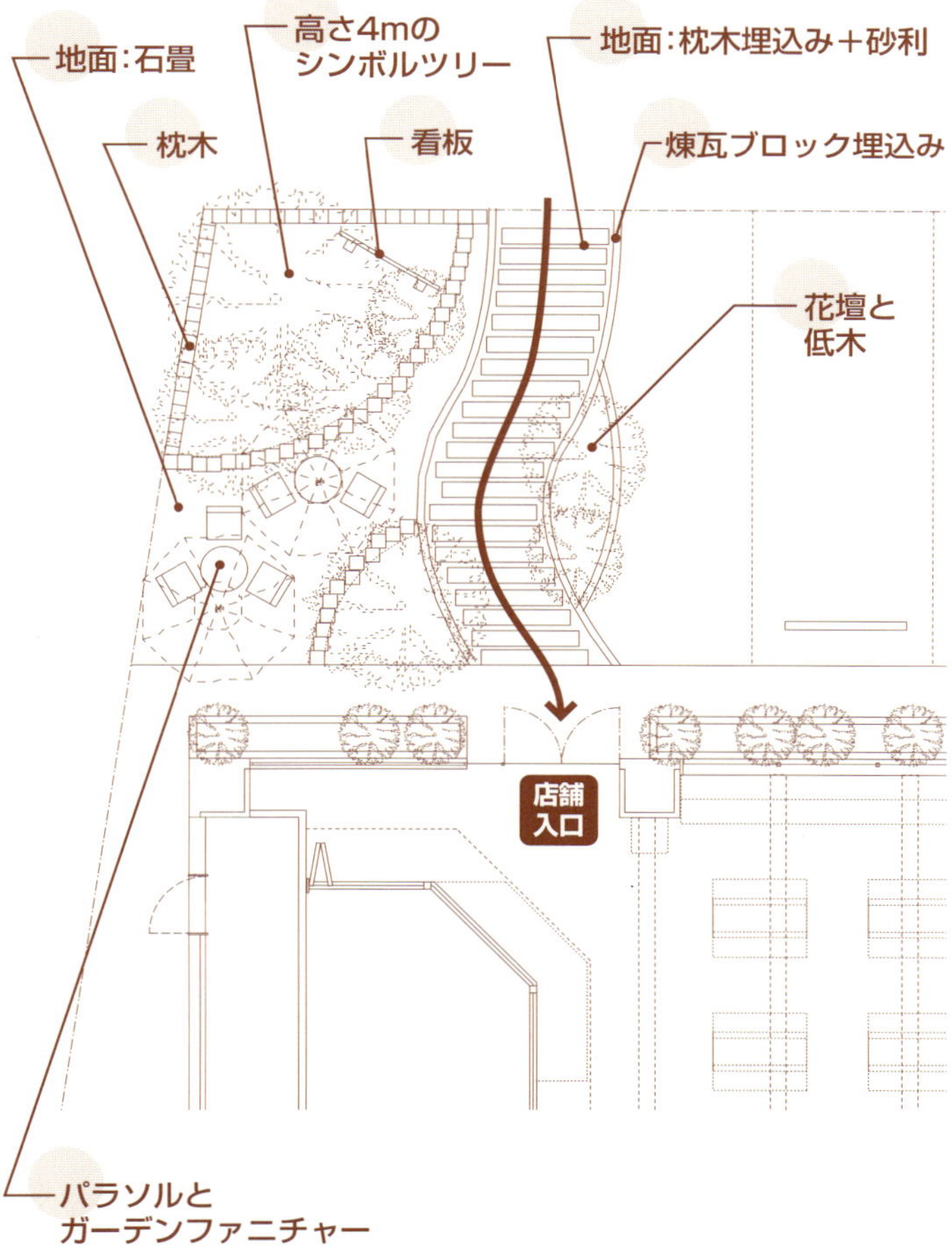

店舗入口前の駐車場2台分で、お客様の心を癒すスペースをつくりました。季節ごとに違った顔を見せる花々や樹木の表情がお店を訪れるお客様を楽しませます。ファサードの印象も、このガーデニングスペースがあるだけで、やわらかく暖かい雰囲気を出しています。入口に続くアプローチの地面の素材感を子供たちは喜んで歩いています。

お店の中は見えづらすぎず、見えすぎず

「お店といえば〝ガラス張り〟」――こうお考えのオーナーや店舗設計者は少なくないようです。カーディーラーやオープンカフェなど、全面の壁がないような設計が販促という業態もありますから、ガラス張りのお店自体が悪いわけではありません。

●ガラス張りのプレッシャー

ただ、ガラス張りのお店の前に自分がいると想像してみてください。ガラス張りのお店に、ためらいもなくすぐに入ることができるでしょうか？　中に人がいれば入ってみるけれど、誰もいなければ入りづらく、様子をうかがってから入る方がほとんどではないでしょうか。

これを私は「ガラス張りのプレッシャー」と言っています。意味もなく、お客様にプレッシャーを与える必要はありません。

閉鎖的なお店も入りにくいものですが、オープンに見えすぎるお店はひと目でお店の雰囲気と人気状況、だいたいの商品が外からうかがえ、入店前に店内での体験を想像できてしまうのです。

自分にとってワクワクする体験になるのか、無意味な時間の浪費になるのかを瞬時に判断されます。

逆に中の様子を見せない店舗では、どんなお店なんだろうという好奇心はわきますが、入るのにかなりの勇気がいります。隠れ家風のバーやレストランで神秘性を持たせるには効果的ですが、一般的な物販や飲食店では集客効果を制限してしまいます。

●見せていいのは5割まで

見せなくてもだめ、見せすぎてもだめ――では、どれくらい外からうかがわせればいいかと言うと、最大でも5割程度で、それ以上は見せません。

中の様子は、店内での体験がイメージでき、安心感を与える程度に見せるにとどめると、見えない部分でお客様に感動する体験が待っていることを想像させ、期待を与える効果があります。

店内全体の様子が外からうかがえて、だいたいの体験が想像できるより、未知の体験が待っているという期待感があるほうが、買い物の楽しみにつながるというものです。

▶「パティスリー キャロリーヌ」東京都練馬区

ビルなどのテナントショップだと、外装を自由に造作できないケースが少なくありません。全面ガラスで店内が見えすぎてどうにかしたいと思うオーナーさんも多いはずです。写真は、ガラス面にディスプレイ棚を置いて、お店からも外からもそのディスプレを販促として利用している例です。それが、外部からの目隠しの役割を持つとともに、中をガランと見せることなくディスプレイに視線を集めさせます。このディスプレイは、季節ごとに替えることが大切です。

商品ボリュームを入口にディスプレイ――商品で惹きつける①

これまで、商品以外のものでファサードの雰囲気をつくる方法についてお話ししましたが、ここでは商品を使った外観の演出法についてお話しします。

●商品のボリューム感で魅せる

お店のファサードに商品を朝市のように置き、色とりどりのボリューム感で魅せる手法は、特に物販店で効果的な演出です。ドラッグストアの陳列はまさにこの方法ですが、生活（ライフ）を売るお店のみならず、ライフスタイルを売るお店でも効果的です。

雑貨屋さんや新鮮素材がウリのレストランなどは、商品や素材を入口にディスプレイするといいでしょう。店外で実際の商品に手を触れることで、自分がその商品を使ったときの体験を想像できるからです。

雑貨に匂いはありませんが、入口にディスプレイされた商品は〝新しいライフスタイル〟という匂いを発しています。お客様はそれを感覚的に嗅ぎ分けてお店に惹きつけられるのです。

自分にとって〝おいしそうな体験〟かどうかを嗅ぎ分ける際は、目に見えない心で感じる雰囲気を嗅ぎ分けます。

●商品の使用シーンを表現する

商品を単に山積みにしただけのディスプレイでは、雰囲気まではつくれませんから、ディスプレイの仕方にひと工夫が必要です。

お店の間口全体を使って左右に、目線から足下まで上下に立体的に、引っかけたり、山積みしたり、平積みしたり、並べると言うより商品を使う場面を見せる（＝シーンをつくる）ディスプレイを心がけてください。

たとえば、トレイやお皿やキッチンクロスやバスケット類を入口に置く場合、ディスプレイ用のテーブルに商品のクロスをかけ、ティータイムのお茶の時間をセットして、壁面には観賞用の絵皿やフォトなどを置いてみる。

ひとつの小物を売るために、その小物と関連するほかの商品とを組み合わせて空間（雰囲気）をつくることで、「この商品を買うことで楽しい体験ができるんだ」と想像させることができるのです。

入口に溢れんばかりの商品を置くことで、お客様は商品を見ながら店内に自然に入って来ます。商品で来店を誘導するのです。この場合、商品を使ってディスプレイしながら雰囲気を出してください。ただ商品を山積みするよりは、お店のスタイルが演出できて、お客様は楽しく商品と対話できます。

店外と店内の境界をつくらない――商品で惹きつける②

店外の商品にお客様が近づいてきたら、そのまま店内にためらいなく自然に入って来ていただきたいものです。入口にディスプレイされた商品に目を止めさせ、足も止めることができれば、ファサードの販促ディスプレイは合格です。反対に、そこでお客様が去ってしまったのでは、一所懸命、お店飾りに無駄な時間を費やしただけに終わってしまいます。

●仕切りは必ずしも必要ではない

店内に入っていただく簡単な方法に、入口扉を全開にして内と外の空間に仕切りをつけないということがあげられます。扉が閉まっていると空間が二分されてしまい、空間が有機的につながらないため、まずは扉を開けて店内の空間を入口の外まで広げてください。お客様が扉をわざわざ手で開ける行為は、ここではマイナスです。

入口外部の商品が気になって立ち止まり、商品を手にしたということは、すでに店内に入ってきているのも同然です。店内の空気を入口の外まで結んだのですから、そこに境は必要ないのです。

空調の問題があれば、エアカーテン（入口扉の上部から外気を遮断する空調が吹き出されている）にしてでも、境をなくすメリットはあります。特に、商品をお店の外まで陳列して店内の空間を外まで延長しているなら、このほうが効果的です。防犯上の面からも、扉が開いているほうがいいでしょう。

●有機的に内と外の空間をつなぐとは

空間を有機的につなげることは、店舗の導線を考えるうえで大切なことです。壁のような物理的な境界をつくらなくても、のれんや階段、たれ壁、庇の切れ目などによって、自然に内と外の空間の切り替えを感じさせることもできます。

日本建築にはもともと、このような有機的に空間をつなぐ手法がうまく取り入れられていました。この手法は空間に奥行きと趣、上質な空気を生んでくれます。

店舗でもそれらの手法を用いて空間を有機的につなぐことで、お客様の五感に訴えかける空間をつくることができるのです。

パーゴラの上に植物をはわせて屋根のような感じになっています。外のやわらかい空気を感じられる気持ちいい空間です。このように、テラス席は癒しの空間であり、お店の販促スペースでもあるのです。

A看板を使って来店誘導しています。これだけ黒板がたくさんあると、なんとなくメニューの豊富さに足が向いてしまいます。外部空間をうまく利用して、客席数を増やしています。このように外部空間をつなげることで、店内と外部が有機的な空気で結ばれ、やわらかい雰囲気を演出してくれます。

3章

入店動機と照明の関係10の効果

Attractive Facade

雰囲気づくりは照明しだい

テレビや舞台に登場される俳優さんはきれいです。美しい容姿の持ち主ということもさることながら、実は影ながら俳優さんたちを舞台映えするように引き立てている方がいます。メイクさん、スタイリストさん、そして……忘れてはならないのが照明さんです。

テレビを見て気づいた方もいらっしゃるかもしれませんが、女優さんの座っている前方下のほうから顔に向けてアッパーライトがあてられているのです。

照明ひとつで老けて見えたり華やかに見えたり——美しく見えるかどうかは照明にかかっている、と言っても過言ではありません。

●ライトアップで普段とは違う顔を演出できる

俳優さんに限らず、建物にも同じことが言えます。観光地の名所を華やかにライトアップしている建物を見て、幻想的な雰囲気に酔いしれた経験があることと思います。

普段は何気ない存在の建物も、ライトアップすることで浮き出たような不思議な雰囲気をつくり出すことができるわけです。

建物が目立つ↓通る人の目に入る↓足が止まる↓じわーっと感動が生まれる↓入ってみたくなる↓ご来店、というお客様の気持ち・行動の流れをつかんでおいてください。入口で惹きつけるには感動をつくることが大切です。

●基本的な照明計画を知ろう

その役割をはたしてくれる手段のひとつに照明があります。照明は明るければいいかと言えば、そうでもありません。業態によって、暗くすることで雰囲気をつくれる場合もあります。

照明の明るさの強弱、照明の配置の仕方、照明の色、照明の数、照明の種類などによって、建物の印象は大きく変わります。同じお店でも照明の違いでお客様の足取りが違うのです。

まずは、経営者自身がお客様の心に響く照明計画の基本を知っておくといいでしょう。

設計者が照明計画にまで配慮できるかと言うと、そうでないことのほうが多いからです。

明かりの色って何？

●明かりの持つ影響力は大きい

実は、1日の生活リズムは明かりの質で変わってしまいます。

光によって自律神経の中の交感神経が刺激されると、血圧や体温が上昇し、からだがオンモードへと整えられていくのです。そして、14～15時間後の夜になると、メラトニンというホルモンが分泌されて睡眠が促されますが、この段階で昼間のような明るい光を見ると、体内時計が昼間と勘違いして、睡眠に入るまでの時間が延長されることになるそうです。

その結果、寝ようと思ってもなかなか寝つけない、なんてことになるわけです。光の使い方を間違えてしまうと、生活のリズムが崩れるばかりか、健康を害することにもなります。

●明かりは人の心理も左右する

店舗においても、光によって意図的にお客様の心理をコントロールすることができます。明かりの色によって、心理面に与える効果が大きく違ってくるのです。

リラックス効果のある白熱灯のオレンジ系の光と陰影の演出が必要なのか、蛍光灯をうまく利用して活動的な感覚で店舗を楽しませたいのか、店舗の業態やウリ、用途によって、光の使い方を考慮したいものです。

●明かりの色と質は空間に合わせよう

照明と言うと、つい〝明るい〟ことにこだわりがちですが、人間本来の快適な生活を考えると、〝明るい〟こととともに、その時々にあった〝明るさ〟や〝光の質〟も大切と言えます。

心身の安らぎや癒しの空間には、白熱灯などの赤っぽい光やキャンドルで夕日や日没を思わせる演出するなど、人を活動的にしてくれる光、心地よい気分を促す明かりを店舗演出にうまく取り入れてこそ、より豊かな体験ができるのではないでしょうか。

体験を売るお店には欠かせない演出方法のひとつに照明計画があります。なぜか惹かれてしまうお店の明かりの使い分けを気にしてみてください。明かりの色が大きく影響していることがわかるはずです。

OLD PLAN
ENT
CASH
kitchen
NEW PLAN
CATALOG
CATALOG
VOL. 12
CASH
kitchen
DESIGN…
POSITION…
COLOR…
etc…

基本ランプを知っておこう

人は遙か昔から、太陽とともに生活を送ってきました。その結果、昼間の太陽を思わせる白っぽい光の中では活動的となり、夕日や日没後の焚き火を思わせる赤っぽいオレンジ色の光の下では、自然と気分がリラックスするようになっています。

光を効果的に使うために、基本的なランプである、蛍光灯・電球型蛍光灯、白熱電球（ハロゲンランプも含む）の二つの特徴をまず知っておくといいでしょう。

●作業に適する蛍光灯

明るさにムラがなく、光に拡散性があるため影ができにくく手元までしっかりと光が届く蛍光灯は、事務所や厨房、作業室、読書やパソコン、書き物や裁縫など、目を使う作業を行なう空間に最適です。

空間自体をすっきりと爽やかに見せてくれるので、白熱灯などの赤っぽい光よりも、自然とからだが活動的になり、集中力も高まります。

また、寿命が長く消費電力が少ない「省エネ光源」の蛍光灯の光は、青みがかった清涼感のあるものから、落ちついた雰囲気を演出する赤みがかった光まで、さまざまなタイプがあります。

白熱電球と口金が同じで、形状が白熱球タイプの蛍光灯を電球型蛍光灯と言います。低消費電力と長寿命が売りで、電球色のものもあり、店舗の基本照明に適しています。

●暖かみを与える白熱電球

白熱電球は赤やオレンジの色を強調するため、空間に暖かみや温もりを与えます。陰影がつきやすいので立体感が生まれ、色をリアルに見せてくれ、調光も無段階で行なえます。名前のとおり熱を発生させますので、照明器具の置き場所には注意を払う必要があります。

白熱電球の中で特に耳にするランプに、ハロゲンランプがあります。白熱ランプに比べて約30％明るく、寿命が約3倍長く、そして電気容量は約30分の1と経済的です。白熱電球同様、熱を発生させます。

色温度が高いため、演色効果に優れています。商品やディスプレイなどで、「魅せたい」「目立たせたい」「目を引かせたい」場合のスポット照明としてよく使用します。

	蛍光灯	白熱灯・ハロゲン球
光色	昼光色（青みがかった白色） 昼白色（白色） 電球色（赤みがかった白色）	暖かいオレンジ系の白色
寿命	**長い** 経済的	**短い** ランニングコストがかかる
効率	**高い** 事務所や工場などの作業をする場所に適する	**低い** 美しく見せる効果がある
発熱	**少ない** 空調や商品に対する影響はあまりない	**多い** 空調の負荷や、商品（特に食品）に対する影響を考慮する
価格	**高い**	**さまざま** ランプの種類によりさまざま
特徴	広範囲を均一の光で照らす特徴がある。明るいがゆえに演出性には欠ける	光の色がやわらかなので、演出性が高い
種類	 **直管蛍光灯**	 **普通球** もっとも一般的なランプで、白色と透明がある
	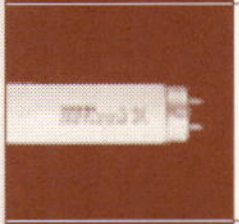 **コンパクト蛍光灯**	 **クリプトン球** 長寿命、高効率を可能にしたランプ
	 **電球型蛍光灯**	 **レフ球** ソフトで広がりのある光が特徴
	 **丸形蛍光灯**	 **ビーム球** 店舗のサイン看板などを照らすスポット照明
		 **ハロゲン球** 演出性が高く、店内のスポット照明に適する

ファサードに使うさまざまな間接照明

間接照明とは、「直接光源を見せずに、壁や天井など建築物の躯体に光を当て、反射光を利用して空間を照らす照明」のことです。物を見るためではなく、「空間を見せる」ための演出光とも言えます。

●影がムードを演出

蛍光灯の光は明かりが均一でフラットなイメージを与えますが、間接照明は立体的に影をつくります。

蛍光灯のように明るいと、細部まではっきりと見えて趣に欠けることがありますが、一部分だけを明るくして全体的にじっとりとした雰囲気を生み出す間接照明は、ムードある空間を演出するのに適しています。

間接照明はセンスのよい空間を演出するうえで絶大な効果があるため、間接照明さえうまく使うことができれば、それだけで空間演出は完成したと言っても過言ではないくらいです。

間接照明を使うにあたってまず、どんな空間をつくりたいのか、どういうふうに演出したいのかを明確にしておくことが重要です。

暗い部屋に直接光だとコントラストが強すぎ、目にやさしいとは言えませんが、間接照明は直接光と違い、ものを美しく幻想的に演出することができます。最近では、店舗に限らず住宅にも間接照明を使って安らぎの空間を楽しむケースも増えています。

●屋外でも使える!

間接照明の効果を利用して空間を演出できるように、屋外にも間接照明を使って外観の雰囲気づくりをしたいものです。外観に使う間接照明には、どんなものがあるのでしょうか?

外壁を照らすビーム球や埋込み照明、壁面に直接取りつけるブラケット照明、アプローチに埋め込む外灯、ガーデニングの中に埋め込んで木々を照らすアッパーライト、外部階段の足下を照らすチューブライト、看板を照らすスポット照明……など、屋外でも間接照明の種類はたくさんあります。

灯籠の明かりに誘われて奥に誘導するような演出も、間接照明が可能にしてくれます。

間接照明とは

照度をとるためのものではなく、演出のための照明です。立体的に影がつくれるので趣があり、居心地のいい空間がつくれます。間接照明しだいでしっとりとしたトーンを生みだすことができるので、飲食店には最適な照明です。

間接照明の種類

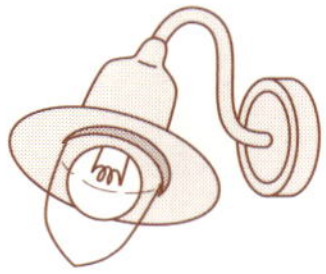

ブラケット

壁面に取りつけるタイプの照明器具です。お客様の通路などに連続して設置したり、間延びしがちな壁面の演出に最適です。

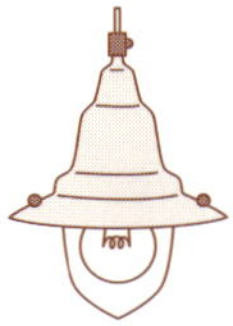

ペンダント

天井からつり下げるタイプの照明器具です。床面から照明までの高さの違いで明るさが上下します。テーブル上に設置する客席部分では、低めに設置すると、料理がよく見え、雰囲気が出しやすくなります。その場合、天井部分は薄暗くなります。

フロアスタンド/テーブルスタンド

床やテーブルの上に立てて使う照明器具です。お店のコーナーやディスプレイをした部分に一緒に置いて、やわらかい明かりを楽しむことができます。

アッパーライト

壁面や柱に設置して、壁面上部や天井を照らす照明器具です。通路や廊下の照明として使用させることが多く、照明設置壁面上部に明かりのグラデーションが生まれ、やさしい雰囲気をつくれます。

イルミネーションの効果

●幻想的な雰囲気を演出

屋外の照明計画と言えば、クリスマスの時期に街中をロマンチックに演出する「イルミネーション」も外観を印象づける大きな要素となります。最近では低消費電力、高輝度で、滑らかな色彩を持つＬＥＤというイルミネーションが街を色鮮やかに飾っています。

光がつくり出す幻想的な世界をお店の入口に用いるのは珍しいことではなく、ガーデニングやアプローチ部分、建物に……と、子供も大人もワクワクする雰囲気をつくり出すことができます。

●やりすぎは禁物

ここで気をつけたいのは、「やりすぎない」ことです。店舗が見せるイルミネーションは、あくまでもお店に入ってもらうための販促ですから、「コース料理の前菜」的な要素にとどめておくことが大切です。イルミネーションが店主の作品ではありませんので、やりすぎて下品にならないようにご注意ください。

入口のシンボルツリーを特に見せたいのか、建物のラインを見せたいのか、ガーデニングの木々を使って奥行きを演出したいのかなどによって、選ぶイルミネーションライトも変わります。

●木をイルミネーション

木をイルミネーションする場合は、枝に絡ませてコードライトを巻く方法と、円すいをつくるように木のてっぺんを支点に地面に向けて放射状にコードライトを設置する方法の2種類が基本です。ＬＥＤを使うと少しクールで未来的な明るい印象を演出できます。従来のオレンジ色のイルミネーションはシンプルで暖かい印象になります。

また、植込みには、ネット状の全体的に平均的な明かりの印象となるイルミネーションがあります。

●建物をイルミネーション

建物のイルミネーションは、建物の屋根や庇のアウトラインにチューブライトを設置する方法か、軒や庇の先にぶら下げる「つらら型アイスクルライト」をつける方法があります。

▶「ケーキハウス　マルフジ」石川県小松市

オブジェの浮き立ったライティングと、木々に巻きつけたLEDのライティングと、看板のスポットライティング、テラスの包み込むようなオレンジ色のライティングが美しく空間を演出します。見せたいモノがなんなのかによって、それぞれの電球の特色を活かして使い分けています。

店内の照明の使い分け

次に店内の照明計画について考えてみましょう。照明計画をたてる前に、その場所が何をする場所であるのかを考えてみてください。

●照明の用途と役割

作業性が要求される空間とリラックスさせたい空間では、照明の役割も変わってきます。商品をしっかり見せたいうえに演出もしたい場所や、作業性も必要なオープンキッチンのキッチン側の照明などとなると、ちょっと考えてしまいます。

まずは、店内に必要な明るさをつくる「基本照明」と、商品を美しく見せる「スポット照明」、空間を演出する「間接照明」の3点を理解しておきましょう。

●基本照明（ベースライト）

店内には最低限の明るさが必要です。演出性の強いバーやレストランは別として、空間に平均的に与える最低限の照度と考えてください。

基本照明に多く用いられるのは、経済性の高い「蛍光灯」や「ダウンライト」です。これで基本の照度が保てるので用を足すレベルの明るさは確保できますが、基本照明だけでは明るさが均一で、魅せ場をつくるほどの演出性には欠けてしまいます。

●スポット照明

商品を引きたてて見せたい、ディスプレイした所を見せたい、展示作品を見せたい、サインを見せたい、という具合に、ここだけはほかよりも一段と浮きたったように見せたいという場合に使うのがスポットライトです。

明るくする範囲は狭まりますが、一点に集中して照らせるため、店舗には欠かせない照明です。最近は客席に基本照明を使わず、スポットライトと間接照明で演出性を強調した飲食店もかなり増えています。

●間接照明

前項で説明しましたが、雰囲気をつくり出すのにもっとも効果的な照明です。

天井を照らす間接照明を使えば、基本照明の役割をある程度はたせる場合もあります。この場合、天井色は光の拡散が強い白のような明るい色が効果的です。

RESTAURANT
BAR
ROOMS
since 1978.
Spotlight
and
Indirectlighting

照明はリズミカルに強弱をつけて

●照明は入店動機のひとつ

外観の照明計画で売上が大きく変わるということは、実際に少なくありません。入口扉の向こうのすばらしい世界を想像させることが、外観デザインも含めて、外観の照明計画には必要となります。

「どうしてあのレストランに入ったのか」と質問すると、「薄暗い中にキャンドルの照明がゆらいでいる店内の客席が見えたから」「アプローチに点在する外灯に誘われて中に入ってみたくなった」「光り輝くように商品が浮きたって見えたウインドウに惹かれた」などの答えが返ってくることは珍しくありません。照明には大きな働きがあることを知っておいてください。

●設置はリズミカルに

照明は、設置の仕方で印象が変わるものです。たとえば、照明を高速道路のライトのように同じ明るさ、均等な間隔で設置する演出は、緊張感と無機質な印象を与えます。

おもしろみに欠けますが、かしこまった演出として、和食店のアプローチやモダンでスタイリッシュな雰囲気づくりには効果を発揮します。

特に入口扉までのアプローチが長くとれる場合、ガーデニングがあれば木々を照らす埋込み照明をランダムに、「タン、タタン、タン、タタタン……」というようにリズミカルに点在させると、その先の空間へのワクワク感が増します。

●明るさに強弱をつける

極端な例ですが、経済的だからという理由ですべての照明を蛍光灯にした場合、見せたい空間、見せたい商品、見せたいディスプレイが何の印象もなく通り過ぎてしまうでしょう。

遠目から「あそこに何かある」と思わせるように、見せたいモノにはほかより明るくスポットライトをあてます。通路などを歩くためだけの照明なら、隅の汚れまで見せる照度は必要ありません。

階段も全体を明るくするよりは、蹴上げの部分にチューブライトのような間接照明を隠し入れ、段を利用して階段を演出する方法もあります。

飲食店の照明――業態別 照明計画①

●暗闇レストラン？

最近の飲食店は「暗闇」と化した空間をおしゃれと感じる傾向があります。薄暗い空間に間接照明で雰囲気を演出し、立体的に空間をつくり出している、そんなアラの見えないムーディーなスタイルの飲食店が増えています。

明るくわかりやすい店が好まれたのは昔の話で、「ライフスタイルをウリにした体験型レストランに無駄な明るさは必要ない」と言えそうです。

●飲食店では白熱電球！

「見せたい、読ませたい」サインや看板、メニューはスポットライト。植栽の木の幹と葉を照らすのはアッパーライト。アプローチにはキャンドルか灯籠を点在させて、入口扉手前にはピンスポット――このように、飲食店の照明は店外・店内を問わず、白熱電球しかありません！　と断言します。

ブルー系のクールな照明は御法度です。料理がおいしそうに見える光源は、太陽光を除けば白熱電球のオレンジ系の光しかありません。蛍光灯の電球色では、食べ物の自然な色が伝わらないのです。

電気代やランプの寿命といった経済性では蛍光灯に劣りますが、飲食店の照明の役割を考えれば無駄とは言えないはずです。また、白熱電球は調光ができるので、時間帯に応じて調光したり、雰囲気を変えたいときに調光したりと、同じランプでもまったく違った光を出して変化を楽しむこともできます。

●照明による「個室化」

〝暗闇レストラン〟の考えられているところは、照明のコントラストが随所に活かされていることです。

ピンスポットで照明のあたる場所とまったくあたらない場所をつくるなど、照明の配置の仕方で「個室化」させることができます。これによって店内が立体的になり、壁などの仕切りがなくても、照明でプライベートな雰囲気をつくり出しているわけです。

また、光のあて方を変えることで、同じ店舗がいつもと違って見えるように、視覚を新たにすることで、心理的な改装効果を出すことも可能になります。

relax
private
private

物販店の照明――業態別 照明計画②

最近では、業態ごとにお店づくりの考え方を区別しなくなりつつあります。飲食店も物販店もひっくるめて、店舗＝時間をワクワクと過ごしてもらうための空間である、と考えているのです。消費者がモノを売る店舗に魅力を感じなくなってきているため、商品を売る以前に、来店してもらうための雰囲気を考えるようになっていると言えます。

●店の中と外で照明を変える

物販店はこれまで、商品自体の魅力でお客様を惹きつけてきました。このため、商品をはっきりと見せる蛍光灯を用いるのが一般的でした。それが最近では、商品以上に「店舗での体験をウリにするお店」が増えつつあります。こうなると、蛍光灯の均一な明かりの下に商品を並べる、いわばひと昔前の百貨店的な照明はそぐわないのです。

そうは言っても、間接照明で演出することを重視しすぎると、たとえば「店内と外で見る洋服の色が全然違って返品」ということもあり得ます。

そこで、物販店で考えなければならないのが、ファサード（外観）は飲食店同様に雰囲気づくりに力を入れ、店内は基本照明とスポットライト、そして間接照明をうまく使うという、照明の使い分けです。太陽光に近い蛍光灯の働きは決して無視することができないのです。

緑や青といった寒色系の色の商品を強調したいのなら、昼白色の蛍光灯。赤やオレンジの暖色系を強調するには、白熱電球。ディスプレイや演出小物などを浮きたたせて見せる場合には、ハロゲン球のスポットライトを使います。

●蛍光灯：白熱灯＝4：6

蛍光灯だけに頼ると、明るすぎて目が痛いコンビニ的空間ができあがってしまいます。商品の内容にもよりますが、服飾や雑貨などは蛍光灯：白熱電球（ハロゲンも含む）を4：6ぐらいの割合を目安にするといいでしょう。同じ蛍光灯でも、青みがかった白より、暖かみのある白の電球色をお勧めします。

ライフスタイルを強調したい場所所や、商品を使ったディスプレイでシーンを演出する場合の照明は、「ハロゲンでピンスポット」とすると、空間が立体的になります。

物販店の照明計画の例

基本照明

天井に埋込み型のコンパクト蛍光灯の照明器具を設置

間接照明

a. 商品やディスプレイを照らすハロゲン球の照明器具を設置
b. 梁の上から天井を照らすレフ球の照明器具を設置
c. インテリアのアクセントとして陳列台の上に普通球のペンダント照明器具を設置
d. 壁面を照らす普通球のブラケットの照明器具を設置
e. ショーケースの中は商品が全体的に浮き上がってきれいに見えるように、蛍光灯の照明器具を設置

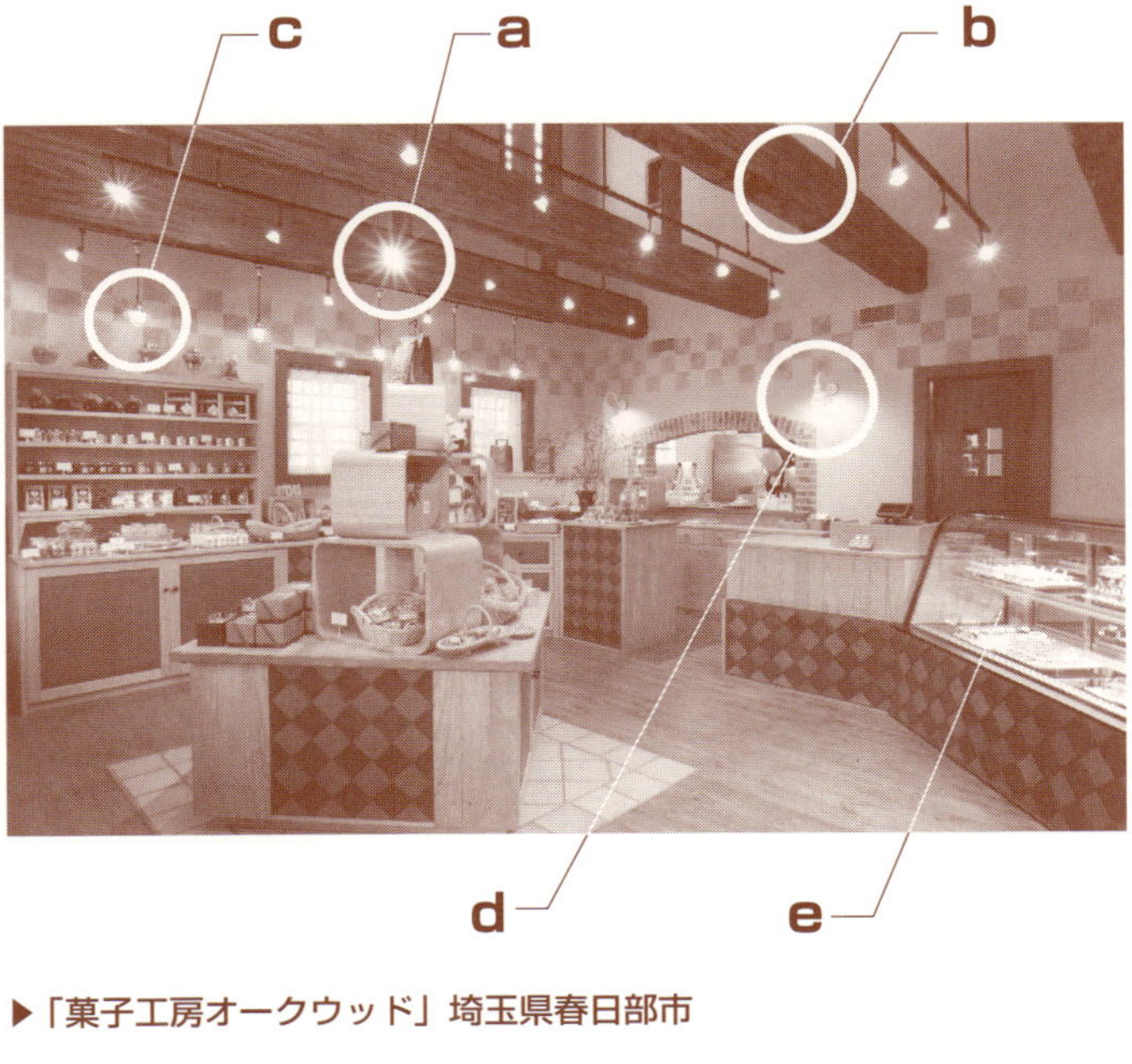

▶「菓子工房オークウッド」埼玉県春日部市

Attractive Facade 30

バーの照明——業態別 照明計画③

皆さんはバーという空間に何を期待しますか？　おいしいお酒はもちろんのこと、一番はやはり日常から離れることではないでしょうか。つまり、非日常を体験させることにバーの醍醐味があり、照明の力が空間づくりを大きく左右する業態と言えます。

神秘的で非日常感の強いブルーの照明を使える、ほとんど唯一の業態でもあります。

●バーの入口は思わせぶりなほどいい

バーにもデザインはさまざまありますが、雰囲気を重視するのなら押しつけがましさのない照明を計画したいものです。それには間接照明が力を発揮してくれます。

言うまでもなく、バーの空間を平面的に明るくする必要はありません。だからと言って、ただ暗くするのでもなくて、「闇」と「明かり」のコントラストをつくることが大切です。

キャンプファイヤーでゆらぐ炎を見ているときの空間と時間の流れに似ているように思います。小さなサイン看板のみにピンスポット照明があたっている、間接照明でサイン看板が浮きたって見えるだけ、といった具合に、入口が思わせぶりなほどそそられるものです。

●顔がくっきり見えなくてもいい

店内にいるお客様同士の視線がぶつからないようにするには、魅せる被写体を「明かり」でつくることです。

カウンターにはキャンドルだけを置く、間接照明でお酒のボトルを幻想的に浮きたつように見せる、炭に火をおこして炎を見せる、などいろいろな「闇」と「明かり」のつくり方があります。決してお客様の顔がくっきりと見える必要はないので、基本照明は不要です。

また、女性用のトイレの照明も特に気を配りたいポイントです。「お化け照明」にならないよう、照明の設置位置に注意してください。鏡前の立ち位置の頭の上部に照明があると顔に影ができて、老け込んだ〝お化け顔〟になってしまいます。特殊照明を使わないのであれば、蛇口の真上あたりに明かりを設置するといいでしょう。トイレの照明で〝老け顔〟になった女性が、それを直そうと恐ろしく濃い化粧でトイレから出てきたらびっくりしますよね。

Bar
GOOD
Bar

4章

間違いだらけの看板選び

Attractive Facade

看板は最大の販促

看板の存在は、はじめてお店を立ちあげるときにはあまり意識せず、「店名を記したサイン」程度にしか考えていない方が多いのが現実です。売上が伸び悩んだとき、リニューアルを考えるとき、新しい顧客を開拓したいときなどにはじめて、看板の重要性を感じるのがほとんどです。

●看板も販売スタッフの一員です

お店の外観がすてきで入ってみたいと思っている見込み客を入店させる決定的要素が、実は看板です。お店のウリ、こだわり、ショップスタイルを一瞬でわかってもらう大いなる販促なのです。

スタッフには時給1000円を払っても、看板はできるだけ安く簡易に、なんて考えていませんか？　無駄に高価につくる必要はありませんが、お店のスタイルに合ったデザインで、他店とはここが違う、ここがこだわり、というものを短い言葉や絵で店長に代わってしゃべることができる、スタッフの1人と考えてみてください。

スタッフの一員である看板が無言のままだったらどうでしょう？　挨拶ができない人に好感を持たないように、看板のない無言のお店には親しみを感じないものです。

スタッフが店頭でウリを大声で説明する販促もありますが、店内のワクワク感を想像してもらうライフスタイル提案型のお店では、ひと目でどんなお店かをわかってもらう看板の役割を無視するわけにはいかないのです。

●看板ひとつで集客効果が変わる

内照式の看板にお店の名前がゴシック体で書かれただけの味気ない看板にどんな印象を持つでしょうか？　無機質で冷たくて、殺風景、飲食店だったらおいしくなさそうなお店、となってしまうでしょう。

看板からは、店主の人間性をもダイレクトに読み取ることができるのです。お店のスタイルに合わせて、素材、色使い、コピーの内容、ロゴスタイル、照明の使い方など、トータルにデザインしてはじめて販促的に働く看板（スタッフ）になるのです。そうでない看板は、設置しても気安め程度の存在にしかなりません。看板は、チラシ以上に売上を左右する、働き者のスタッフなのです。

施行前：看板が散乱して統一感がなく、お店のスタイルが出ていません。クールで冷たい印象が強いため、おいしそうな雰囲気に欠けます。

施行後：お店のファサードのデザインを暖かい雰囲気にリニューアルしました。いろいろなスタイルの看板がありましたが、必要な看板を整理して三つを設置しました。どれも統一感あるデザインで何のお店なのかわかりやすくなり、お店のライフスタイルが伝わりやすい印象となりました。

▶「カスターニエ」長野県軽井沢市

誰のための看板ですか？

文章をたくさん並べている看板を街中で見かけますが、はっきり言って読みません！

ただ、読まれなくても、勢いのある表現やこだわりの表現など、字体や雰囲気がファサードデザインのひとつとして設置されているのであれば、意味がなくもありません。気をつけたいのは、文字ばかりの羅列では押しつけがましく、うるさい印象を持たれかねないという点です。

●どんなお客様に入店して欲しいですか？

的はずれな看板では売れる看板にはなりませんから、看板のデザインを決める際に大切なのは、どういうお客様に入店して欲しいのか、自分のお店のターゲット層をまずは理解することです。年齢で区切るのか、性別で区切るのか、性質で区切るのか、スタイルで区切るのか。

そして、そのターゲット層の心に響くデザインと内容が描かれているか、お客の目線で考えることです。

たとえば、安い大盛りカレーがウリなのか、数十種類のスパイスをブレンドした本格インドカリーがウリなのか、日本の古民家で食べる野菜たっぷりの壺焼きカレーがウリなのか……。カレー屋さんひとつとっても、お店のスタイルでターゲットは異なります。まずは、自分のお店のお客様が何に反応するのかを理解する必要があります。

●意味のある看板ですか？

意味のある看板とは、その看板を見て、〝来て欲しいお客様〟が実際に入店している看板です。看板を見て入店してくださっても、予想外のお客様で冷やかし客（入店はするけど、商品を買ってくれない）ばかりで、自分のお店に入ってくれるはずのお客様は、看板を見たにもかかわらず、よそのお店に流れてしまっている——お客様の来店までの動きを観察するとわかることですが、このような現象は非常に「もったいない」ことです。看板が働いていないのです。特に、通りから入り込んだお店や地下や2階にあるお店は、看板の働きが売上を大きく左右します。引き込む看板には、安心感とスタイルを明確に表現することが大切です。

すでにお店をお持ちの方は、今一度看板を見てください。あなたは、その看板を見て入店したくなりますか？

施行前：お店の看板がなく、なんとなく締まりに欠けていました。せっかくのおいしいお菓子を売るお店としての訴求力が弱い印象があります。

施行後：メインの看板とロゴマークの看板と、日替わり情報の黒板看板の3点を設置しました。また、ガーデニングも雑多な印象だったので、お店のスタイルに合わせた種類の樹を選び高さを出して空間をつくりました。メイン看板は、洋菓子屋さんらしいおいしそうな絵を描き、お店の存在をアピールするようにしました。

▶「パティスリーキャロリーヌ」東京都練馬区春日町

看板づくりはまず現地調査から

意味のある看板を設置するにはまず、店舗周辺の立地状況を把握しておく必要があります。どういうタイプの人たちが、どこからどのように流れているのか、などをご自分の足で調査してください。

●どんな地域ですか?

お店がある場所は、商店街、住宅街、オフィス街、学生街、駅前……、どんな地域にありますか? 地域がわかると、中心になる客層が見えてきます。

それに応じて、お客様が求める情報はどんなものなのか、どんなコピーが目に止まるか、どんなデザインがいいのか、少しずつイメージできてくるはずです。

●徒歩? 車で来店?

徒歩で来店するお客様が多いのか、それとも道路に面していて車で来店するお客様が多いのか。来店手段によっても看板の大きさ、設置場所、設置高さ、文字の大きさ、文字の長さ、照明の種類が見えてきます。

車での来店者が多い場合は、駐車場への誘導看板が必要不可欠です。徒歩や自転車での来店者が多い場合は、足を止めて看板を見たり、読ませるような、気持ちをそそるコピーを工夫しましょう。

ただ、お客様は看板の素材感やロゴデザインなどが「いい感じ」のお店かどうかを感じ取っているもので、長い文章は読まれないという点に注意が必要です。

●人の流れはどこから来る?

右から来るのか、左から来るのか、駅から来るのか、学校から来るのか、買い物帰りの人が多く通るのか、オフィス街から流れて来るのか——など、人がどの方向からどの方向へ流れているのか、曜日や時間帯によって流れが変わることもあると思います。これによって、看板の向きや出す時間帯などがわかってきます。

●競合店はどこにある?

商店街となると、お隣が競合店ということも少なくありません。そうでなくても、競合店が近くにあるかどうかを把握しておく必要はあります。そのお店とどう差別化をはかるかを考えると、自店のこだわりと自信が見えるキャッチコピーとスタイルが明確に見えてくるはずです。

SHOP NAME
·catch copy
·Today's recommend
·minimap
bakery
station
cafe
my shop [cafe]
walk and bicycle.

人の流れを変える正しい設置場所

●通行人の目線は低い

人は道を歩くときにどこを見ていると思いますか？　キョロキョロと首を左右に振りながら、上を気にしながら、というのは何かを探しているときの歩き方で、たいていはやや下向きで、前方や地面の障害物を気にしながら歩いています。

人が歩くときの目線の位置を考慮すると、一見のお客様を引き入れるためには「スタンド看板」か「A看板」が有効です。壁面やパラペット看板に比べて低コストですむ、お店には欠かせない基本看板です。では、その看板をどこに置いたらいいのでしょうか？

●設置位置を間違えるな

当然ながら、まずは店舗の正面に設置します。この場合、歩行者の流れを考慮してください。歩道の通行の流れが左右違っていれば、店舗沿いと道路沿いの両方に置くことをお勧めします（左ページ参照）。通行量の少ないところでは店舗沿いのみでいいのですが、通行量が多い場合は、この2方向に置くと効果的です。

また、メインの歩道から入り込んだ店舗はどうしても目立ちにくいので、その場合は歩道のコーナーに設置したいものです。この場合は近隣との交渉が必要です。

●来店客数を上げる「→」

表示内容は、店名だけでは訴求力に欠けてしまいます。業態、商品、スタイル、営業時間――それらを表示することが大切です。そして、目を引く色で、文字の大きさ・太さに強弱をつけて、長々と文章を書かない、という点に気をつけると効果的です。

どういうわけか、「→」を表示するのとしないのとでは来店数に若干の差が出るようです。矢印の方向に向いてしまうという人の心理が背景にあるようです。

スタンド看板やA看板にショップカードやチラシ、リーフレットなどを置くのもひとつの販促です。少しでもお店の情報を知ってもらい、興味を持ってもらうことが大切です。そのチラシやカードをご持参の方にサービスをつけるなど、関心を示したお客様を逃さないような販促を考えましょう。

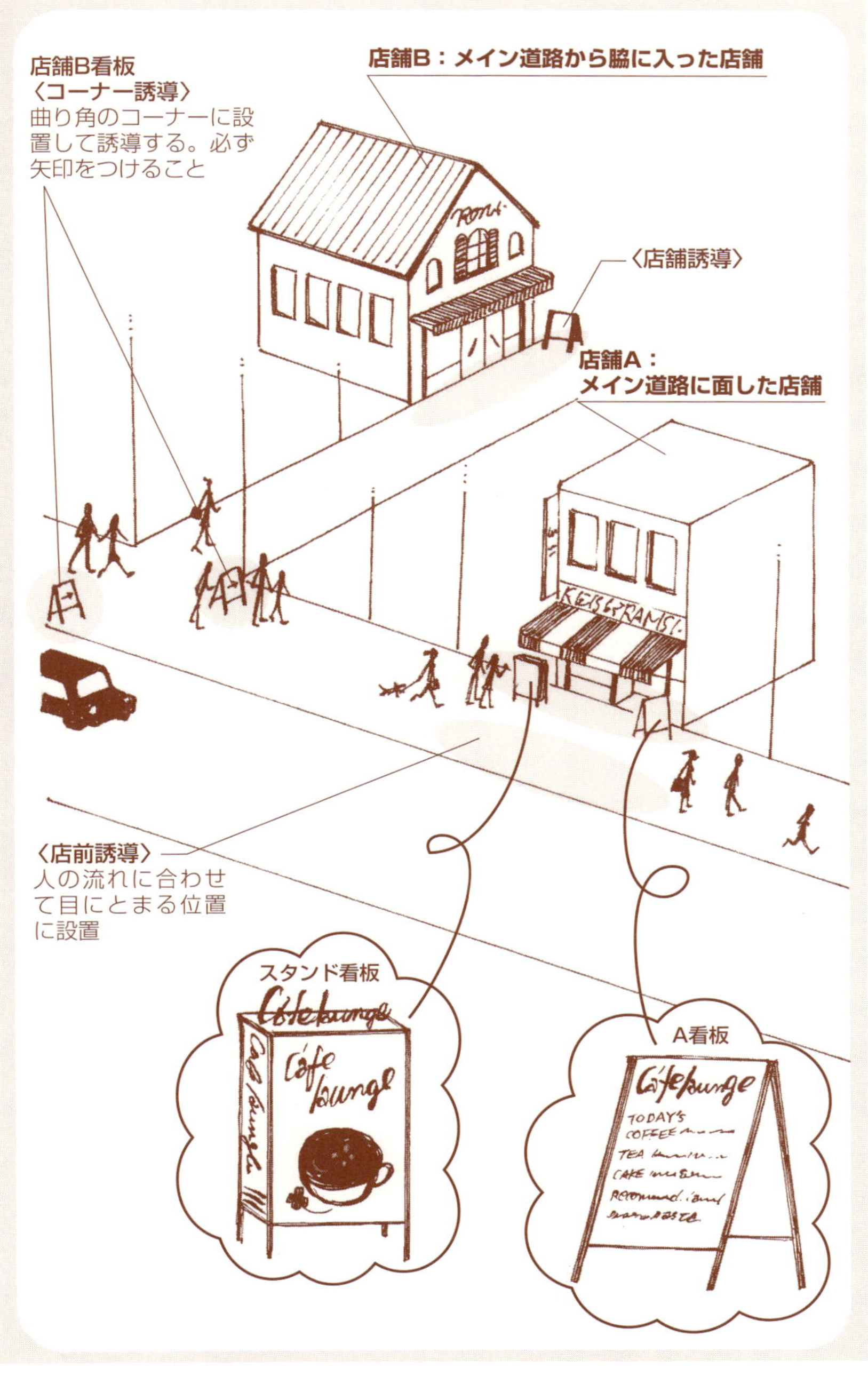
店舗B看板
〈コーナー誘導〉
曲り角のコーナーに設置して誘導する。必ず矢印をつけること
店舗B：メイン道路から脇に入った店舗
〈店舗誘導〉
店舗A：
メイン道路に面した店舗
〈店前誘導〉
人の流れに合わせて目にとまる位置に設置
スタンド看板
A看板
TODAY'S
COFFEE
TEA
CAKE

ファサード全体がお店の看板

お店の外観の入口正面を意味する「ファサード」は、いわゆるお店の顔です。実はこのファサードこそがサインであり、看板でもあるのです。遠目から見えるし、ライトアップすれば浮き立って見える、看板にイメージのイラストをたくさん描くよりも、ファサードそのものでお店のライフスタイルは想像できます。

つまり、お客様にワクワクと想像させる要素をたくさんつくることができれば、ファサードこそが大いなる販促看板になるのです。まずは、屋根の形状・素材、壁のテクスチャー・色、窓や入口扉の色・素材、植物と建物のバランス、照明の状態、サインの位置などを、お客様の目線で観察してみましょう。

お客様は一つひとつをゆっくり観察するというよりは、一瞬でファサードを読みとるため、一瞬で立ち止まりたくなる雰囲気をつくっているかを考えることが大切です。

●ファサードを撮ろう

ビルのテナントショップや通りから入り込んだお店では、ファサードが外部から見えないのでむずかしいかもしれませんが、外部に面しているお店なら、ファサードの写真を昼間と夕方に撮ってみることをお勧めします。

色使いにまとまりがない、落書きがある、ゴミ置き場が入口横にある、室外機が入口に面している、全体的に華がない、プラスチックのプランターが気になる、枯れた植物がそのまま放置されている、補修のガムテープが見えている、サンプルケースのサンプルが色あせている、お客様の自転車が店の看板を隠している——。

夜の写真なら、真っ暗で何のお店かわからない、読ませたい看板の照明が暗い、蛍光灯の青白い光の外灯がおいしそうな感じに見えない、アプローチが暗い、駐車場の案内看板に照明がついていない——。

このように、これまで気づかなかったことでも、写真を撮ることで目につくことは多々あります。そして、問題だと感じたら、即改善です。気づいているのに何もしなければ、売上も変わるわけがありません。あなたがすぐに行動しなければ誰も改善してくれませんよ。

これは、パリのお店の写真ですが、狭い間口のテナントショップは、どのお店もファサードが全面看板となっています。お店のカラーを壁面に打ち出した、わかりやすいデザインです。テントや袖看板も有効に使っています。テントは商品の保護はもちろんですが、ファサードに少しでも空間をつくって、テントの下もお店の空間であるかのような錯覚を生み出せます。

Attractive Facade 36

五感に訴えかける看板——入りたくなる看板デザイン①

ターゲットとなる客層は、お店の価値観を共有できる方です。たとえば、有機野菜を使ったナチュラルなイメージの一軒家のお店を、住宅街にオープンしました。どんな看板だったら入ってみたいと思いますか？　ターゲットに合わせた看板をつくる場合の具体例をご紹介します。

①誰に？（ターゲット層）

20～50代の主婦。健康志向で、手づくり大好きな人。おいしい物とお友達とのランチが好きな人。家庭菜園に興味があり、温もりを感じるナチュラルテイストが好きな人。

②何が体験できる？（店舗）

木・石・土壁の自然素材を多用した建物と小さなハーブガーデン、ガーデニングで囲まれたテラス席が自慢。自然のままの古びた感じが暖かく、心とからだを癒します。

③何が体験できる？（商品）

お昼は30食限定の日替わりの１５００円ランチコースのみ。無農薬の朝摘み野菜に、かまど炊き玄米ごはん。デザートは自慢のカボチャパイ。夜も３０００円のおばんざいコースのみ。野菜がふんだんに食べられます。

④何が得になる？（サービス）

ランチメニューのレシピを差しあげます。ＨＰでも公開。週に一度の料理教室で、シェフみずからおいしい料理を提供。手づくりパンも教えます。

⑤どう伝える？

健康、安心、安全、とにかく有機野菜たっぷり、毎日違うメインメニューのレシピを公開。心とからだにやさしい温もりある人柄が伝わるおばんざいメニュー。

⑥どんな看板？

アプローチ入口に、木板に手書きで描いた店名とかまどの絵。入口にくすんだオレンジ色の麻の大きなのれん。入口の黒板に日替わりコースの内容が書かれ、おいしいおダシの匂いが通りすがりの人を誘います。入口横には採れたて野菜と季節の野花が素朴に生けられ、土間の土がやさしい印象です。アプローチの植込みのキンカンの木に、たくさんの実がなっています。どこか素朴で懐かしい、やさしい母の温もりが感じられる演出に、疲れた体が癒され、そこにいるだけで安らぎます。

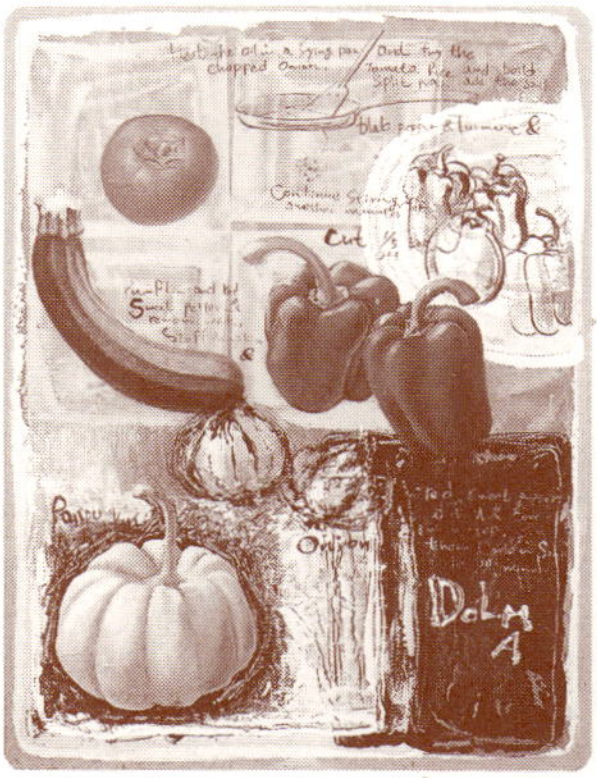

レストランの看板です。
新鮮な食材、こだわりの食材などを使って「おいしそうなシズル感」を五感に訴えかけます。
直感的な表現の看板は販促効果大です。
お店のライフスタイルを絵にするわけですから、デザインセンスも販促効果につながります。

Attractive Facade

37

色で集客（赤・青）――入りたくなる看板デザイン②

看板でまず目を引くのは「色」です。赤や黄色のビビッドカラーならポップでモダンなスタイルを印象づけ、アースカラーのナチュラルな色使いならやさしい印象を与えるなど、色の持つイメージや心理効果をうまく使えば、お客様を誘い込むことができます。色の使い方は「売れる、売れない」を大きく左右すると言えます。

●目立つ「赤」

明るい、元気、活発、積極的、強い、ホット（暑い）なイメージで、暖かい印象です。遠目からでも目立ち、ほかの色よりも強く、よく記憶されます。赤を見るだけで、血圧が上昇しやすくなります。

食欲が出やすいためダイエット効果は期待できませんが、おいしそうな印象を与えるので、飲食店に向きます。目立つ色なので、看板やマークに使用すると記憶されて好都合ですが、使いすぎるとうるさい印象になります。食べ物に使えば「熱さ」や「おいしさ」を連想し、売れやすくなります。味は濃い印象です。

レストランや劇場など楽しい、嬉しいことをする空間に使うと、さらに喜びを感じ満足感が増します。また、バーゲンセールに使用すれば欲求のまま買う人が増えますが、お客様はイライラして疲れやすくなります。

●冷静な「青」

赤よりも目立ちにくく、寒い印象の色です。距離的には遠い印象となります。クールで、誠実で、知的で、上品で、控えめで、男性的、爽やかで、清潔。シャープな印象から、組織的なイメージもあります。

食品関連で使用する場合は、冷蔵・冷凍の冷たい商品、爽やかな気分になる商品に向きますが、できたてのおいしさ感を表現したい場合は向きません。落ち着いて冷静な印象である半面、おもしろくない印象を与えるとも言えます。

基本的に、奥行きに広がりを感じさせたいところに使用すると効果的で、やわらかくやさしい印象にしたい場合は不適切です。

仕事、勉強に集中しやすく、眠りを誘う効果もあります。血圧が高い人は低くなりやすく、涼しく感じさせるので、精神的興奮がおさまりやすいという特徴もあります。

RED
HOT
ACTIVE
STRONG
BLUE
COOL
REFRESHING
SHARP

色で集客（黄・緑）——入りたくなる看板デザイン③

次に「黄」と「緑」の特徴についてご説明します。

●子供っぽい「黄」

黄色は明るく、若々しく、希望に溢れてかわいらしい印象です。楽しく、活発で、快活なイメージもあり、子供のように無邪気で素直な気持ちになります。

また、脳の働きが活性化して目がさえるほか、胃腸も活発化して、食欲が出てきます。

しかし、使いすぎると、目がチカチカするうえに、目立ちすぎてうるさく感じます。楽しさ・活発さの印象は、半面で子供っぽく、落ち着きのないイメージにもなります。遊具などの子供・若者向けの商品には適切で、大人向けに高級感を演出したい場合には向きません。

注意を促すサインには効果的ですが、看板などで面積を大きく使用すると落ち着かなく、疲れさせる恐れがあります。体調のいい場合は活発な印象に捉えられますが、多用すると相手を疲れさせる面もあります。

●穏やかな「緑」

「緑」は、自然で、やさしく、穏やかで、平和で、静かで、安心感があり、生命力があるイメージです。精神的にもリラックスさせ、目の疲れや筋肉の緊張がとれて気分が安定する効果があります。マナーを呼びかけるポスターなどに緑を使用すれば、抵抗なく文章を読んでもらえます。老若男女、年齢を問わず受け入れやすいので、家庭用品、食品、医療品など、さまざまな商品に向いています。

しかし、主張が弱いことから、他の色より目立たせたい場合は不向きです。落ち着いて平和的な気持ちになりやすい反面、活動的に前進するエネルギーは弱まってしまいます。緑を使いすぎても特に弊害はありませんが、注意を促すサインや看板には向きません。

また、競争意欲が低下するため、営業職の人が多い部屋にたくさん使用すると、営業成績に影響しそうです。

自然食、天然素材、無添加、環境への配慮といった〝自然〟をアピールしたい商品や、肩こりや筋肉の緊張を除いてリラックスさせる、癒すなど、健康をウリにした商品や場所に使用すると効果的です。

YELLOW
GREEN
YELLO
ELLOW
YELLOW
Y

ロゴデザインの持つ力――入りたくなる看板デザイン④

ロゴデザインはお店の印象を大きく左右します。ショップカードを渡されたお客様は、そのお店がどんなお店か、自分好みか、入ってみたくなるかを、カードのロゴデザインとレイアウト、素材で判断します。これは、看板の考え方に似ています。

色によって印象は変わりますが、ロゴデザイン自体のイメージについて説明します。

●明朝体

一般的な書体で、読みやすくかしこまった印象があります。スマートにお知らせしたい場合、きちっとした印象を与えたい場合に向いています。文字の太さで印象が違いますが、細いと女性的で繊細な印象を与えます。

また、文字間隔を詰めたり、1文字だけ斜体にしたりと変化をつければデザインされた印象も生まれますが、おもしろみに欠けるところがあります。企業が信頼感をアピールする場合には効果的です。

●ゴシック体

強調したいコピーや、頭出しなど、太さの度合いでかなり目立つ書体です。細いと、スマートでシンプルな印象です。角があり太さが同じなので、堅く、男っぽい印象です。シャープでモダンな印象でもあります。

●丸ゴシック体

同じゴシック体でも、角が丸いと親しみやすくかわいい印象が生まれます。子供っぽく幼稚な印象もあります。

強調したいときは文字を太くすると効果的ですが、長い文章に使うと野暮ったい印象となります。

読ませる文章に使う場合、文字の太さを細くすると、抵抗なく親しみやすく読めるようになります。

●手書き

太さや動き、文字間隔によって印象は大きく違いますが、いずれにしても〝オリジナル感〟があります。筆書きで、勢いやおもしろさ、こだわり感を表現でき、遊び心があります。

丸文字などのかわいいものや、十人十色のさまざまなデザインがありますので、お客様の心によく響きます。最近のロゴデザインは手書きが増えています。

明朝体

正当派な印象である。
クラシカルで高級な印象がある。
おもしろみに欠ける。

cake shop
Cherry
Blossom

チェリーブロッサム

ゴシック体

モダンな印象である。
堅い印象である。
新鮮な印象には欠ける。

cake shop
Cherry
Blossom

チェリーブロッサム

丸ゴシック体

モダンな印象である。
カジュアルな印象である。
ポップな印象である。

cake shop
Cherry
Blossom

チェリーブロッサム

手書き

線に強弱があるので、表情がある。
勢いがあり、動きが生まれる。
新鮮な印象である。
お店のスタイルがわかりやすい。

cake shop
Cherry
Blossom

チェリーブロッサム

素材の持つイメージで看板をつくれ――天然素材と人工素材

色を使わずに、ガラス、鉄、アルミ、木、石など、素材そのものだけで存在感を表現する手法もあります。強さ、勢い、楽しさ、やわらかさ、温もり、優しさなど、素材はさまざまな印象を与え、来店動機にも関わります。

●素材でインパクト――人工素材

ガラス、鉄、アルミ、プラスチック、アクリル、コンクリート、人工木風合板、石風タイル……。身の周りを見ると、実に多くのものが人工素材でつくられています。

合理的で低コストなうえ、メンテナンスや掃除がラクなので、スタッフ側から考えると重宝する素材です。しかし、壊れたり汚れると、汚らしく粗末な印象となります。きれいで清潔感はありますが、大量生産で冷たく、平面的で直線的な形の場合は緊張感をも与えてしまいます。

使い方によってはこだわりぬいたオリジナリティーを表現できますが、合理的に使用するとオリジナリティーやおもしろみに欠けた印象となります。

モダンでポップなスタイルの表現や、アーティスティックで、未来的な印象を与えたいときには効果的です。

●素材でインパクト――天然素材

石、木、土、植物、水、火など、天然素材の持つ生命力と力強さは、人工素材と違ってどこかやさしさが潜んでいます。

実際に温もりがあるわけではありませんが、人とのつながりを感じるせいか、温もりややわらかさ、やさしさがあり、親しみやすさを感じさせます。

また汚れたり傷ついたりしても、それが〝風合い〟となって、汚らしい印象にはなりにくいのが特徴です。人工素材より手入れの手間はかかりますが、汚れや傷などに時間の経過や人の気配が感じられることから、愛着がわきやすいというメリットもあります。

天然素材には、食べ物のおいしさや店員のやさしいサービスを連想させるイメージがありますので、一般的に飲食店に向く素材です。スタイリッシュでモダンな空間をライフスタイルとしている飲食店や店舗では、人工素材でシャープに見せるほうが効果的ですが、注意しないと敷居が高くなる場合もあります。

A看板

袖看板①

袖看板②

壁面切り文字看板

▶A看板の特徴

簡易で場所も自由に動かせ、高さも低いので通行人へのPRに適している。

お店の情報を掲示しやすくライフスタイルを読み取りやすい。

したがって、素材感の印象を受けやすいと言える。写真の素材は木製で、かわいらしさ、暖かさ、やさしさの印象を与える。

また、黒板型を使って日替わりメニューなどを書いて今日の情報を通行人にＰＲできる。

▶袖看板の特徴

遠くからでも視認性がいいので、道路や通路の通行人のＰＲに適している。
②のように丸や四角といった面の形状でなく、造作を楽しむこともできる。
アイアン（スチール）素材で、ロゴやマークを切り抜いたり造作したりと、お店のこだわりを素材で表現できる。

デザインや表情によって、人工素材でつくるものすべてが、必ずしも冷たくなるわけではない。

▶壁面切り文字看板

スチールやステンレスを店名のロゴでカットし、壁面から少し浮かせて設置することで、陰を楽しむことができる。

木製板にロゴを書いたり、絵を描いて、自然の力強さと温もりを演出したり、写真のように人工素材でシャープにデザインされた印象を与えることができる。

壁面切り文字看板

壁面切り文字看板

5 章

間違えないための看板選び

魅せる看板――目印看板

集客のための看板にはさまざまな種類があり、それぞれに役割があります。

目印、情報伝達、お店のスタイルやパワーの演出など、案内板からイメージ喚起まで、看板の種類によってその役割も違ってきます。

お客様を感覚的にそそるには、お客様と「心でつながる看板」であることが重要です。

●「見せる」から「魅せる」へ

まず、遠目からお店の存在を印象づける「目印看板」があります。業態やお店のウリをひと言ふた言でわかりやすく表示するものです。

案内する、お店の名前を知ってもらうというのが看板の大きな役目ですが、お店のライフスタイルや、「お店で何が体験できるのかを想像させること」も看板の役割です。

目印看板にはお店での体験すべてを表示する必要はありませんが、お店での体験イメージを看板のデザインで想像させることは大切です。

いわば、「見せる看板」から「魅せる看板」へと意識を変えることで、お客様の感情とつながる大きなツールになるのです。

①屋上看板・壁面看板

ビルの屋上に設置する、かなり大きな看板。車に乗っている人にPRするのに向き、業態、場所の案内など「認知」「目印」を目的として使うことが多い。

②パラペットサイン・テント看板

お店の入口上部に掲げる「お店の顔」ともなる看板。お店のスタイルが表われやすい看板なので、素材や色使い、ロゴデザインなどによるセンスが問われます。店舗名の「認知」「目印」を目的として使うことが多い。

③袖看板・電飾スタンド看板

お店入口に対して垂直の角度で設置する、お店の前の歩行者へのPRが目的の看板。視認性が高いため、業態の「認知」「目印」を目的に使うことが多い。

④懸垂幕・フラッグ

期間限定のセールやフェアなどのイベントのPRに有効。活気やおもしろさを演出でき、入店促進に効果的。

看板の種類

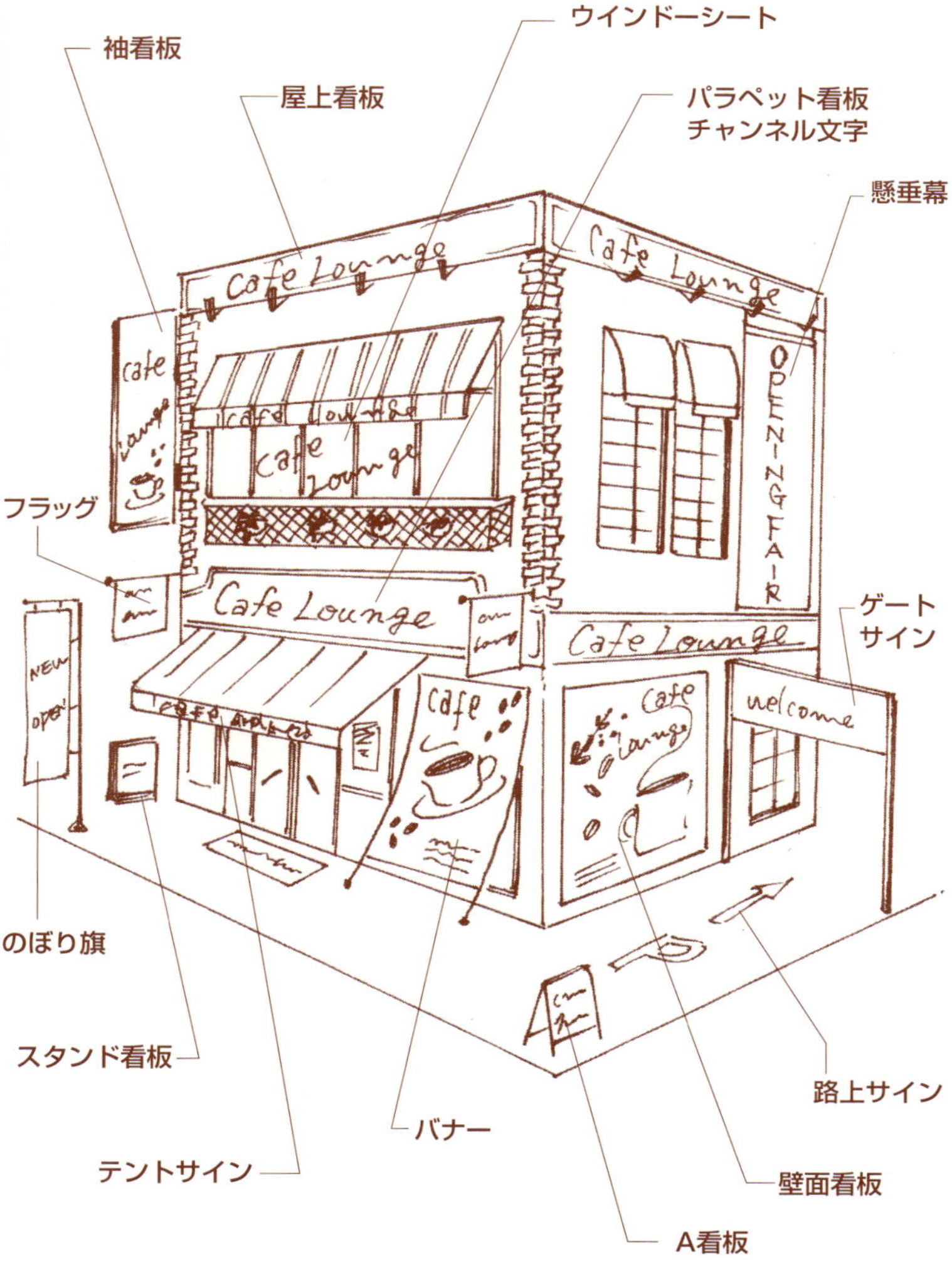

ウインドーシート
袖看板
屋上看板
パラペット看板
チャンネル文字
懸垂幕
フラッグ
ゲート
サイン
のぼり旗
スタンド看板
路上サイン
バナー
テントサイン
壁面看板
A看板
Cafe Lounge
OPENING FAIR
welcome
NEW OPEN

足を止める看板──読ませる看板

歩行者や自転車に乗っている人を立ち止まらせるための看板は、お店に興味を持ってもらう場合にもっとも販促効果のある看板です。

お店のライフスタイルをイメージできるデザインで通行人のこころに響く「感覚的な販促効果」という役割と、期間限定のイベントやキャンペーンなどを知ってもらう「情報伝達の販促効果」の二つの役割があります。

「魅せる」役割が大きいので、デザイン性が問われます。ただ目立てばいいというものではなく、お店のスタイルがわかりやすい素材や色使いで、内容を理解させることが大切です。

①自立看板

入口付近に掲示板のように独立して設置する看板です。歩行者やドライバーへのPRに有効で、お店での体験を想像させる販促看板です。

お店や商品のこだわり、活気やセンスがイメージできる絵を描いたり、店舗の写真を掲示することで、お客様のワクワク感を盛り上げる販促ツールのひとつです。

大切なのは、お客様がお店での体験や商品を使う場面を想像できること。お客様はワクワク体験を想像することが大好きです。飲食店なら「おいしそう」であること。衣類や雑貨の物販店なら「おしゃれな」センスをイメージできること。生活雑貨の用品店なら「便利」「お得」「今だけ」といった、即効性を意識させる看板が大切です。

②A看板

もっとも身近で、低コストでできる看板です。黒板になっている場合は、ランチメニューや産地直送の採れたて食材の説明などを、日替わりで毎日書いてください。

きれいに書くことが目的ではなく、新鮮さや〝今だけ感〟など、勢いやおいしさを文章でわかってもらうための、〝読ませる〟ものです。

両面使えて左右の通行人に情報をPRできるので、チラシ的な役割もあります。黒板でない場合は店舗看板としたり、場所を案内する誘導看板としても活用できます。

忘れがちですが、ライトをつけることと、風によって倒れないような工夫が必要です。

▶ある和食店の自立看板

料理のイメージ写真と、お勧めメニューを入れたほか、存在感がある色と直感的なヴィジュアルで訴求力のある看板になっています。見た瞬間、何のお店であるかがひと目でわかることが大切です。

「何の業態で、何が売りで、いくらで、どんなイメージか」の要点がはっきりわかる看板です。おいしそうで、安心感があり、おしゃれ感を想像させる看板であることが大切です。

人を呼ぶ看板――流れを変える看板

モノが溢れかえっている現代では、商品そのものの魅力を謳っても、入ってみようという気持ちにはなりにくいのが現実です。だからと言って、イメージ表現に偏りすぎると、看板自体が作品となり、「すごいね、あの看板」で終わってしまうでしょう。

お客様を呼ぶことができない看板では、設置する意味がありませんが、「買ってくれ」「食べてくれ」と主張するばかりではただの押し売りですから、より親しみやすく、安心感を与えることが大切です。

たとえば、キャラクターやロゴマークなどは業態認知や店名認知を高める力となります。できるだけ敷居を取り除いて、心理的なプレッシャーを与えないPRを心がけましょう。

●目に止まらないと流れは変わらない

「人の流れを変える」とは、足を止めさせ、勧誘、誘導することです。流れを変えるためにはまず、歩行者の目線の動きが地面からどのくらいの高さに集中するかを知っておきましょう。

看板までの距離によって大きさや高さは変わりますが、人通りのある商店街を普通に歩いている場合に目に止まる看板は、地面から2ｍくらいまでの高さです。

対象物までの距離があまりない場所では、「探している」状態でない限り、見上げる動作を行ないにくいものです。このため、一般的には、スタンド看板やA看板が有効です。

●入りたくなる「矢印」のデザイン

誘導する場合の「矢印」のデザインひとつをとっても、「入ってみたくなる形」があります。それは、矢印に強弱をつけることです。

真っすぐ同じ太さの横棒では見落としがちですが、太くしたり、細くしたり、角度をつけたり、曲げてみたり、動きをつくるように描きます。文字のレイアウトも同じ間隔で均等に配置するよりも、余白がある場所とない場所、右寄せ、左寄せなど、配置による力のバランスを考えながら変化や動きをつくるようにしてください。

通行人の目に止まることが、流れを変える第一歩です。

店舗のサイン計画

▶「ケーキハウス　マルフジ」石川県小松市

お店のスタイルに合わせて「夢のあるかわいらしさ」「こだわったお菓子づくり」「おいしさ」「オリジナリティ」をお店の外観(外観が看板）と看板で表現しました。これらの看板はイメージだけにとらわれないで、お客様を誘導するための機能をはたしています。どこにでもある感じだと、看板をいくらつけても見過ごしてしまいます。お店のライフスタイルにあった統一感を大切にしましょう。

ただし、場所の案内(駐車場や店舗場所）看板は、見てもらうことが大切ですので、大きさ、色、設置場所を考えましょう。

①スチール切り文字サイン（道路面）

②スチール切り文字サイン（入口正面）

③自立看板（入口正面）

④袖看板（入口正面）

その他の看板

⑤A看板：黒板タイプで、お勧め商品や新商品などを書き込みます。

⑥駐車場案内自立看板：駐車場への誘導看板(※駐車場の誘導看板は、イメージ優先よりは機能優先としてください。目立つ色、場所への誘導、駐車場ということがわかることが大切です)。

移動ゾーンに看板を置くなかれ――設置場所①

看板を設置しても、「人の流れが変わらない」「看板を見てもらえない」など、効果を発揮しない場合があります。

その場合、原因のひとつに「設置場所を間違えている」ことがあげられます。

たとえば、〝特定の目的を持って行動している人〟が通る場所に置いた看板は、なかなか目に止まらないものです。なぜなら、速く歩いているときは視野が狭くなるからです。また、目的を持って行動している人が、足を止めてわざわざ看板を眺めることは、それほど多くはないからです。

それでもその場所に設置しなければならない場合は、大きく、太く、短くシンプルに、簡潔でパンチの効いたメッセージを書くことです。

設置場所の「人の行動」を知るには、実際にご自身の足で歩いてみて、観察することをお勧めします。

●銀行の横、安売りスーパーの横

銀行の周辺にはどういう人が多いでしょうか？　言うまでもなく、お金をおろしたり、預金したりする人ですね。

では、安売りスーパーの周りはどうでしょう？　こちらは「広告の商品」を買いに来るなど、いずれも目的のはっきりした人です。この場合、歩く速度が比較的速いので、文章を「読ませる」看板を置いても効果は期待できません。

●駐車場や駐輪場の中

設置したときは見えていたのに、車や自転車が止まると見えなくなってしまう場所があります。看板全面が隠れなくても、車や自転車が障害物となって看板との距離が生まれるようでは効果がありません。

また、ドライバーはぶつけないように駐車することに神経が集中しますので、看板に目を向ける2、3秒の時間すらないのです。無事に駐車し終わっても、車から出て安全な場所へ移動するまでは他の車に気を遣うため、駐車場内の看板は、設置場所を考える必要があります。

●車の出入りが激しい場所

また言うまでもなく、交通量が多くて車に気を遣わなければならない場所では、看板に目をやる余裕がないため、足を止めてくれることはないでしょう。

BANK
Time is money……
……
CAFE
CAFE
Billboard
BAD!!
BANK
CAFE
my cafe!

遠目で気を引く看板──設置場所②

100m離れた地点からお店を見てみましょう。歩行者や自転車に乗っている人の目から、車のドライバーの目から、それぞれの目から見て、お店があること（存在感）はわかりますか？　そして、お店の業態はわかりますか？

まず、一見のお客様は、お店の名前よりも業態のほうに反応するため、「何屋であるか」を主張してください。

看板を遠くから発見してもらうには、ある程度の大きさが要求されます。「思わず目に入る大きさ」であることが大切です。また、他店の看板と同化していないか、隠れていないかもチェックしましょう。

ロードサイドで〝看板競争〟している道路がありますが、そんな状況では、いかに自店を主張することができるかが、売上に大きくかかわります。

目立たせるにはまず、文字は5文字以内で、サイズを大きくして業態をわかってもらうことです。そして、こだわりや志をひと言で表示することも大切です。

「○○ができます」「○○があります」のようなありがちなコピーではなく、お客様が「体験できる感覚」や「メリット」を伝えることも、他店との差別化につながります。

●建物自体が看板

一軒家の店舗の場合、「建物全体が看板になる」という強みがあります。

同じおそばを食べるのでも、普通の味を想像させる特徴のないお店よりも、「臼でそば粉をひいているんじゃないかしら」と思わせるようなデザインの日本家屋のお店のほうが、食事の時間が楽しそうに思えます。味が同じでも、その場所で食事をする時間という体験が特別に感じます。つまり、体験を想像させることが大切です。

遠目で気を引くには、自立型のポールサインや屋上サインはもちろん有効ですが、建物の外観が醸し出すお店のライフスタイルが訴求する力は、実は看板以上のものがあるということも知っておいてください。

どんなに言葉を羅列しようとも「おいしそう」「かわいい」「かっこいい」「おしゃれ」「楽しそう」という、非日常のワクワク感を想像できることが重要です。

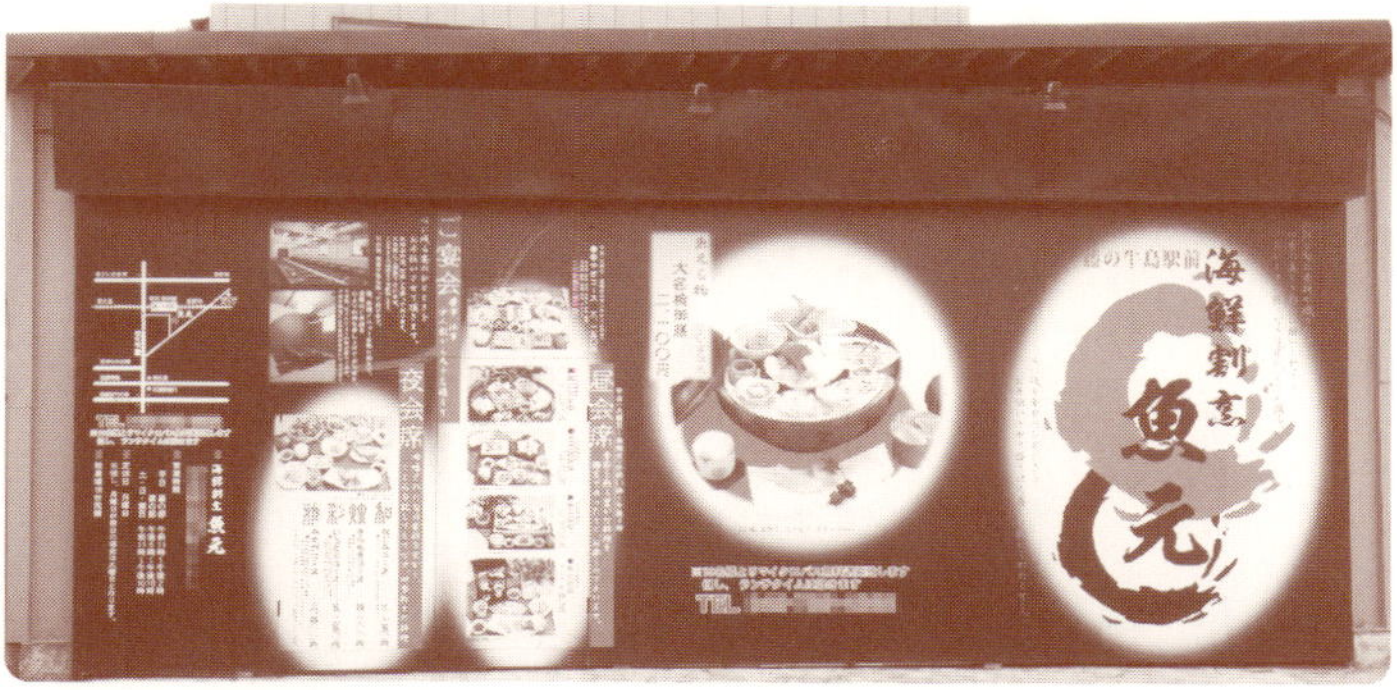

▶ある和食店の看板

これは、閉めっぱなしの倉庫のシャッターを看板にした例です。

シャッター全面にお勧めメニューや料理イメージ、そして、お店の勢いなどを見せる看板です。面積が大きいので、車からでも遠目からでもよく見え、存在感があります。

▶ある洋菓子店の看板

「洋菓子店」と業態を文字で表現する代わりに、おいしそうなケーキやお菓子の材料やキッチンツールを描き、お菓子に対するお客様のイメージをふくらませる看板です。

幅1.5m×高さ1.1mあり、遠目からでもお菓子屋さんをイメージできます。

距離と看板の法則――設置場所③

お店の正面に看板を設置する場合、どこにどのような看板を設置すると販促的に有効なのでしょうか。

●遠距離からの認識

外壁に設置する看板は、簡単に取り替えられないケースが多いので慎重に考えましょう。

まず、業態がわかるサインや店名サインとなる大きな看板を設置します。このとき忘れがちなのが照明との関係です。必ず照明があたっていることが大切です。「夜の顔」をつくることも忘れないでください。

また前項でもお話ししたように、遠くからでも目印として認識してもらう必要があるので、ポールサインや袖看板、パラペットサインなどが有効です。これら遠目のサインは高く設置することと、100m先からでも見える文字の大きさが必要です。100m先から認識できる文字の大きさは50cm。50m先では25cm、30m先では15cm、10m先だと5cmが目安です。

●中距離からの認識

お店から50mぐらい離れたところから認識できる看板には、一般的にのぼり旗やフラッグ、大型電飾スタンド看板などがあります。

「業態、催事イベント、商品、価格」の案内に有効で、活気やおもしろさを演出するのに効果的です。あまり長い期間にわたって同じ内容を設置していると存在が薄れてしまうので、定期的に交換するか、催事のときのみに設置するなど、流動的に使用すると新鮮に感じます。

●近距離からの認識

正面からお店を確認するための看板には、A看板や電飾スタンド看板、そしてメニュー台などがあります。

「商品、サービス、価格、店内の様子」など、入店をひと押しする販促看板で、チラシ的な要素があります。この看板近辺にショップカードやお持ち帰りメニューなどのパンフレット類を置くと、今日は入らなくても、気になった見込み客にお店を覚えておいてもらえて有効です。

近日の看板のもうひとつの役割は、はじめての入店客の警戒心を解き、お店でのワクワク体験と、安心感を持たせることです。

yesterday
today
Italian
New Flag?
OH!
1st anniversary
Fair!!
Italian:
1st
anniversary
FAIR
Italian:

読ませる看板の内容と入店の法則

入店をひと押しする、もっとも販促に役立つ看板となる、1階の壁面看板や自立看板、A型看板などの「読ませる看板」には、何を表示するべきなのでしょうか？

●おいしさ表示、こだわり表示

壁面看板や自立看板には、「活気や勢い、鮮度、素材のこだわり、演出力」を表現して、お店の魅力を謳います。

たとえば、イラストと一緒に手書き文字を壁面の意匠として設置することも有効です。文章の文字は大きく、元気よく、個性的に書いてください。食材などの素材のイラストは、新鮮さやおいしさへのイメージにつながります。

情報を伝達するA型看板や、入口に設置したメニュー台上のメニューは、入店誘導に直接つながります。

商品の種類、商品や価格の安心感、味のおいしい体験、店舗インテリアのすてきな体験に対する期待感、わかりやすい店内誘導を表示することが大切です。

●店外の情報には趣向を凝らす

店の外に、店内で使用しているメニューを置くのも決して悪くはないのですが、お店の入口に立ち止まって時間をかけて全部見てもらうのは、お客様にとって面倒くさいこともあります。

店内メニューとは趣向を変えて、「今日のお勧め」「シェフのお勧め」「タイムサービス」など、日々変化している印象を与えるのもいいでしょう。なぜなら、つくり手の素材へのこだわりと料理に対する向上心、毎日お勧めが変わるレパートリーの多さは、お店に対する信頼と期待感を生むからです。

料理へのワクワク体験は、常に新鮮なほうが誰しも満足するものです。同じメニューをずっと掲げると、お店の前を通りなれた人は存在すら感じなくなります。

商品や店内の紹介は、お店のウリや自店を理解してもらうためにするので、全部同じ大きさ、同じ色、同じ書体の文字の羅列はしないことです。

特に知って欲しいウリやこだわり商品は、文字を太く、大きく、色を変えて写真やイラストをつけるなど、リズミカルな構成を心がけてください。

カフェのファサード計画

▶「ル・プチ・ガトー」横浜市神奈川区

ケーキを手づくりしているカフェの看板計画です。ほかのカフェと違ってケーキの豊富さがウリなので、おいしそうな看板を心がけ、イメージ看板(雰囲気やおいしさを想像させる)と、読ませるイーゼル黒板看板(商品説明)とのバランスに気を遣いました。読ませすぎは退屈するし、イメージだけでは伝わりにくいのです。

③自立看板
店名やロゴマーク、
こだわり商品イメージ

①パラペットサイン

②テントサイン

④袖看板
店名やロゴマーク、
業態イメージ

⑥イーゼル黒板看板
お勧め商品、日替わりメニュー

⑤壁面サイン
店名やロゴマーク、
こだわり商品イメージ

⑥イーゼル黒板看板
お勧め商品、日替わりメニュー

地下や2階への誘導看板——誘導看板①

1階以外にあるお店は、お店の顔が表に面していないのでそもそも発見されにくいうえ、階段の昇降が入店率を妨げてしまいます。

●マイナスイメージを逆手にとる

「怪しい」「暗い」「はずれても引き返せない」「面倒くさい」「狭い」。道路に面していないお店には、一般的にこんなマイナスイメージがあるようです。では反対に、いい印象はどうでしょうか? 「隠れ家的」「喧騒を遮断」「特別感」「落ち着き」と、さまざまあります。

まず、マイナスイメージを取り除く演出が必要です。「怪しい」→「楽しくなる（ワクワク）演出」、「暗い」→「間接照明で雰囲気をつくる」、「はずれても引き返せない」→「はずれや引き返したいと思わない入口の演出」、「面倒くさい」→「階段の昇降を入店への期待感に変える雰囲気づくり」。

看板のインパクトで気持ちをつかみ、階段の空間を演出して、お客様を店内へ誘導することが大切です。

階段の昇降によって、「プレゼントのリボンをほどくときの気持ちの高揚感」を演出するのです。

なお、「B1（地下）」「2階」などのフロアの案内はわかりやすいよう、大きく目立たせることが大切です。

●階段自体に雰囲気を出す

もうひとつ、階段入口全体を看板と見なす方法もあります。階段入口で雰囲気をつくれば、フロア案内の機能看板が目立たなくても入店率は高まるのです。

どちらかというと、照明やお店のスタイルを感じさせる空間を演出したほうが、お客様の感情とつながる大きな販促となります。光の強弱を利用して気持ちで誘って、足を進ませるのです。

●写真を見せて安心させる

「引き返しにくい」というプレッシャーを解消するには、「店内の写真を紹介する」「お勧めメニューを掲示する」といった方法があります。

写真の力は大きいので、カメラマンに頼んで雰囲気よく撮れた写真を掲示してください。大いなる販促なので、カメラマンのコスト削減なんて考えないことです。

地下にあるイタリアンレストランの看板とディスプレイ例

地下か2階なのかわかりやすく大きく表示することが大切です。地下や2階、3階は、店内の雰囲気や料理、値段に対する不安があります。店内の写真やお勧め料理の写真を入れて、読ませるよりヴィジュアルな看板が効果的です。

これは、内部照明を入れた内照式のコルトン看板です。この看板の下にメニューやお勧め料理の黒板を置いて、金額的な不安も解消してください。

また、「ここにレストランがあるよ！」とPRできるディスプレイを置いておいしそうな演出をして、通行人に店内の雰囲気や料理をイメージさせるようにしましょう。

駐車場への誘導看板――誘導看板②

駐車場の誘導看板の第一の役割は「わかりやすい」ことです。素材や色使い、書体のデザインをお店のスタイルと統一することも大切ですが、駐車場看板はそれ以上にとにかくわかりやすく、見やすくすることです。

誘導看板のデザインを凝りすぎると、格好はよくても、インパクトが強すぎるために気づかれにくく、わかりにくくなる場合があります。

これは、実際に失敗した経験があるからこそ言えることです。以前、誘導看板をこれまでに見たことがないデザインで製作したところ、「作品」になってしまいました。お店のスタイルを意識しすぎると、本来の機能をはたさないこともあるのです。

●100m先から認識できるか

駐車場看板は、100m離れた場所から駐車場の存在を認識できることと、50m手前で駐車場入口の方向がわかることが大切です。

表示するのは「P」と「↓」だけで十分です。目立つ色、太いゴシック体、大きな矢印で、一瞬で駐車場の存在を認識させましょう。

色の特性については64項以降でくわしくご説明しますが、注意を引く「黄」＋「黒文字」、「赤」＋「白文字」のような、地色と文字のコントラストがはっきりしている組み合わせが効果的です。

文字は太く大きく、駐車場案内の看板を障害物が邪魔していないか、設置するときは実際に100m離れた場所から確認してみてください。

●運転席から見える高さか

次に気をつけたいのが、高さです。存在だけを認識させる場合は高い位置でOKですが、「IN」の入口を案内する駐車場看板は、1・2～2mくらいが認識されやすい高さです。地面に誘導の矢印や「IN」と表示することも有効です。基本的に、いくら徐行しているとは言っても運転中なので、一瞬で認知されることが勝負です。

繰り返しますが、駐車場の看板では雰囲気づくりを重視するのではなく、機能をしっかりとはたすこと、わかりやすいことが何よりも大切です。

施工前

施工後

▶あるレストランの駐車場看板

イタリアンレストンの駐車場の看板です。

上の写真は施工前の看板です。お店はヨーロッパの田舎町にあるような雰囲気なのですが、駐車場の看板が浮いてしまっていました。機能第一とは言え、お店のスタイルに合った看板デザインも大切な販促です。

「思わせぶり」に誘われる――誘導看板③

これまではわかりやすい看板についてお話ししてきましたが、最近は「怪しいからこそ入りたくなる」という、いわば冒険心をくすぐるのも有効な手法です。

一般的には、わかりやすいことが安心感につながりますが、お店のスタイルによっては、あえて反対の誘導方法を使う場合もあることを知っておいてください。

●店名と業態だけの表示

隠れ家的なお店では、目立たせるのではなく、〝さりげなさ〟をPRすることでおしゃれ感を演出する方法があります。

文字は小さく、照明はピンスポットだけ、素材は自然素材でも人工素材でも、雰囲気をつくり出せるものなら何でもかまいません。空間と文字のバランスが大切です。

たくさんの言葉は必要なく、素材やロゴデザイン、色使いや照明の使い方で、思わせぶりに演出することです。

ただこの方法は、期待感と実際の体験とにギャップがありすぎると失望感が大きく、「だまされた」という印象を持たれる可能性があります。そうなると二度と来店してもらえませんので、気をつけてください。時間と空間の質を楽しむお店に向く方法です。

雰囲気のあるレストランやカフェやバーなどの、ゆったりとした空間と時間の流れをウリにするお店でなら、「クールに怪しげにそそる」看板が潜在的な感覚を刺激して、有効です。

●匂いで誘う

匂いを販促として使うこともあります。

私の事務所の近くに骨董屋さんがあるのですが、前を通るといつもお香のいい香りがします。見えない存在感があります。品のよさ、来店客に対する心遣い、やさしさ、やわらかさといったことを想像し、入店への大きな動機づけになります。

また、喫茶店のコーヒーの匂いなども、嗅覚を刺激する立派な販促です。嗅覚への販促は、看板などの視覚に訴える販促より大きな力を持っていることを知っておいてください。

匂いの販促については、57項でくわしくご説明します。

6章

ファサードの落とし穴

Attractive Facade

テントや庇で入口に空間をつくれ！

街を歩いていると、テントのあるお店を多く見ます。雨よけや日よけ、店舗の認知のための機能として設置しているところがほとんどです。

特に、道路から入口までの距離が短いお店の看板としてテントを利用するケースが多く見られます。このようなテントの使い方には、お客様の心理に訴えかける販促の役割があることをご存じでしょうか？　テントや庇で「いい雰囲気」をつくり出せるのです。

●テントや庇は手前に長く

テントや庇は、できるだけ手前に長く距離をとると、空間容積が大きくなります。「外でもなく、内でもない」空間が生まれ、お店に奥行きが増します。

また、この空間は不思議なもので、外であるにもかかわらず、天井があるだけで〝包まれている〟ような安心感をなんとなく覚えるはずです。

さらに、明るい外部から急に店内に入ると一瞬視界が暗くなるものですが、テントや庇の下の空間で目に入る光の量を調整できるため、店内に入ったときに暗く感じることがありません。

お店から出るときには、垂れ下がった庇やテントごしの外の景色が、絵画のごとく美しく見えることもあります。

●外でもなく、内でもない空間

それらの効果を出すために必要なのが、建物からの距離をできるだけ手前に長くテントや庇をつくることです。そして、軒下の高さもあまり高すぎないほうが、人間の大きさにあった心地よい空間が生まれやすくなります。

昔の日本家屋にいると落ち着く理由のひとつに、庇の「高さと長さ」の関係があげられます。内でもない外でもない、薄暗さに包まれたような空間に落ち着きを感じるのです。

パリに行くといつも思うのですが、テントの使い方が非常に上手です。

長く伸ばしたテントの下にテーブルと椅子を置いたオープンカフェをあちこちに見かけますが、これは行き交う人達との「見えない境」をつくり出す簡単な演出のひとつなのです。

▶「ル・カドウー」（雑貨屋）東京都江東区

テントは、それだけでサインの役割を持つわけではありません。ロゴを入れたり、テントの色や素材や模様などでお店のスタイルを表現してください。営業日にはテントを出して、営業していないときはテントをたたんで、営業していることをお客様にPRします。テントの「出」の長さも2mぐらいまで自由に出し入れできます。ビニール、キャンバス生地などがありますが、色あせたり、汚れたりしますので、メンテナンスが必要です。最近では光触媒をコーティングすると、汚れなどの心配はありません。

▶「フランス家庭料理 ブールマニエ」埼玉県越谷市

庇を壁面より1.8m程手前に出しています。店内とテラスとの空間につながりが生まれ、奥行きが生まれます。庇があることで、店内が明るすぎず、光の調整もしやすくなります。テラスがあることでやわらかい印象が生まれ、販促的効果も生まれます。

遊びの空間はできるだけつくれ！

●「無駄な空間」は重要な販促スペース

「遊びの空間」と言われても、何を指すのかピンとこないかもしれませんが、これは有効販売面積には属さない、つまり商品を置いてない場所のことです。

お店の経営者にとって、客席・商品設置スペース以外の無駄な空間を避けたいのは当然です。しかし、一見無駄に見える「遊びの空間」こそが、お客様を呼ぶ大きな「販促空間」なのです。

頭がよくてまじめなだけの人の話というのは、退屈でおもしろくないものですが、雑学が多くユーモアのある人の話は魅力的なため、人が集まってきます。

お店も同じことです。商品ばかりが山積みのお店より、お店のスタイルを感じさせるテーブルセットやオブジェ、植物や小物といった、商品以外の〝魅せるモノ〟を置いた「遊びの空間」の多いお店のほうが、お客様を飽きさせないのです。

●車1台分を〝お店の顔〟に変えよう

17項でもご説明しましたが、お店の外のスペースについても同様のことが言えます。「駐車場に少しでも多く車を入れたいので、入口の前はすべて駐車場にしてください」と言うオーナーさんは多いのですが、販促的には実にもったいない考え方です。

スペースを有効活用しているようですが、販促的には逆効果とも言えるのです。

1台の駐車スペースをなくして、お客様が歩いてお店に入るアプローチをつくることで、お店におもしろさが生まれ、ワクワク感を演出することができます。車1台分で、長さ5m、幅2・5mの路がつくれるのです。

それがお店の顔になります。

車がぎっしりとお店の正面に置かれていると、お店の雰囲気を壊してしまいますから、本当の集客を考えるとどちらが大切なのか、おわかりですよね。

お花が溢れるガーデニング、パーゴラのトンネル、灯籠を置いた石畳など、お店のライフスタイルに合ったさまざまな演出でお客様を引き寄せる「ツカミ」とすることが大切です。

▶「お菓子夢工房　ル・クレール」群馬県太田市

お店の顔をつくるために、駐車場数台分をなくしてガーデニングスペースを確保しました。

写真を見るとわかるように、この遊びの空間をゆったりとることで、四季折々の違った表情をお客様は来店するたびに楽しめます。癒される感覚を覚えることで、また足を運びたくなります。そして、このアプローチによってお店の中に誘い込まれそうな雰囲気を生むことができました。

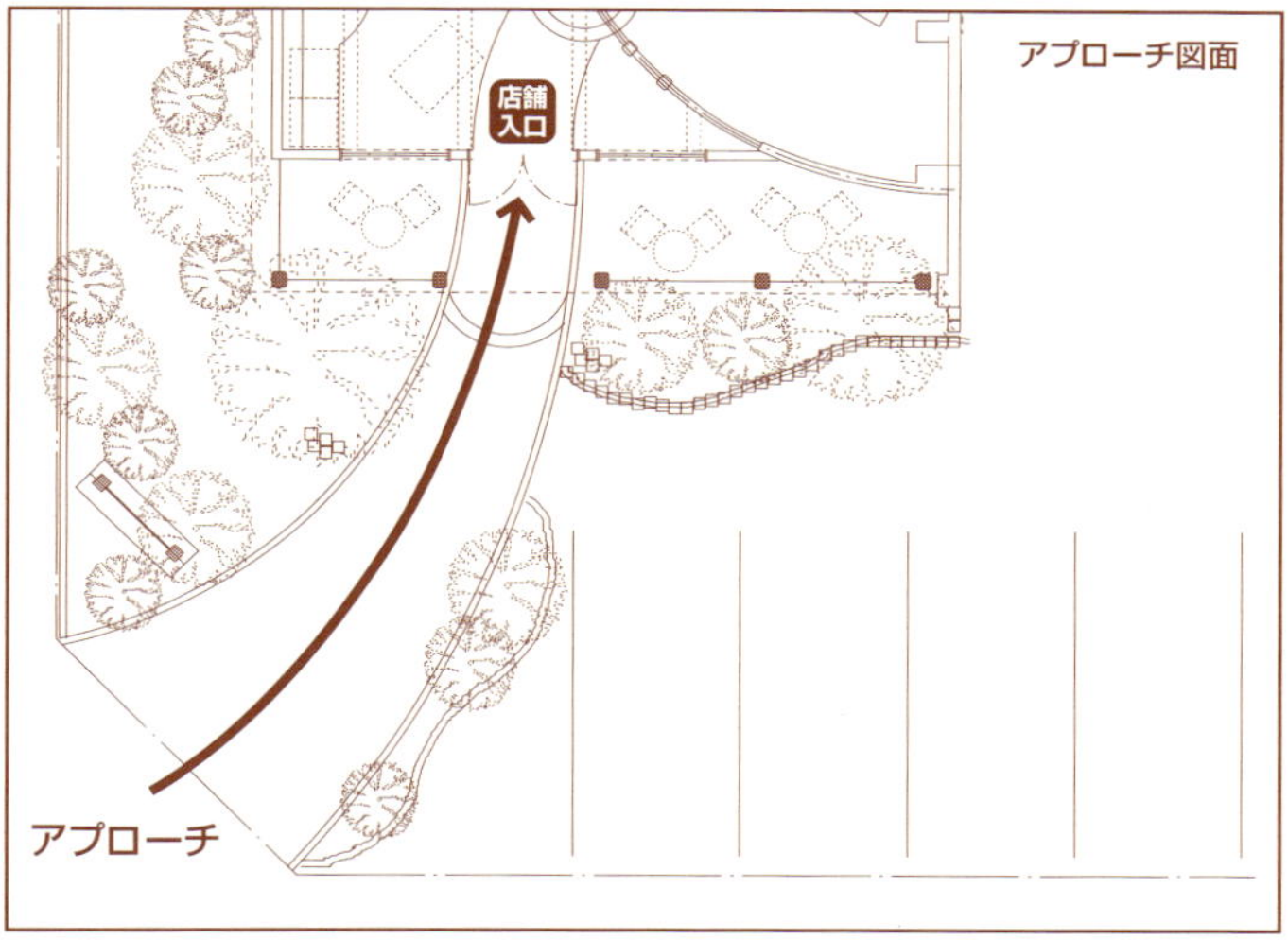

Attractive Facade 53

お手入れ簡単素材は、お手入れしなくなる

●人工素材と天然素材を使い分けましょう

内外装には、お手入れが簡単で価格も安い人工素材を使用するケースが非常に多いと思います。

演出上、あえて人工素材を利用するのなら問題ありませんが、「汚れやすい素材はスタッフの掃除が大変」「壊れるともったいないのでプラスチック製にする」など、お店側の都合だけで素材を選ぶことには賛成しかねます。

予算の関係もあるので一概には言えませんが、人工素材を使う場所と天然素材を使う場所をぜひ使い分けましょう。

●長期的には天然素材が低コスト

外壁／内壁、屋根、床、扉、扉のノブ、トイレの洗面、トイレの内装など、お客様の目や手に触れやすい部分はお店のスタイルをつくるうえで大切な場所なので、天然素材を使いたいものです。

お掃除が簡単な人工素材のタイルは、汚れがこびりつくと汚くなったり、角が欠けると中の素材が見えてみすぼらしくなったり、お手入れ簡単素材はかえってお手入れをしなくなったり……。マイナス面も多いのです。

反対に、いいものを使うとコストがかかっても長持ちするうえに、スタッフもやさしい気持ちで手入れをします。

●天然素材の〝演出力〟を活用

そしてなにより、素材の持つ〝演出の力〟は、空間をつくるうえで軽視できない要素です。結局、天然の素材を使って古びていく味を楽しむほうが、お店のスタイルをつくりやすいことが多いのです。

たとえばテラコッタのタイルには、ハンドメイドの本物のタイルと、テラコッタ風の磁器タイルがあります。本物は、汚れても味となって風合いが出てきます。そして何よりも、空間のやわらかさが違います。

一方、テラコッタ風タイルはきれいすぎて、堅い印象となるのを避けられません。さらに汚れれば汚らしくなるだけで、実はメンテナンスは容易ではありません。

空間の質をつくるうえで、譲れない部分は妥協しないことです。コストが若干かかったとしても、その後の集客率には大きな差が生まれてきます。

Style....

明るけりゃいいってもんじゃありません

「モノを買う場所であれば明るいに越したことはない」という考えは、もはやすべてのお店には当てはまらなくなっています。

生活（ライフ）を売るところか、ライフスタイルを売るお店かによってお店づくりは大きく異なります。

前者であるコンビニやドラッグストアは、煌々と輝く蛍光灯の明るい店舗のほうが安心して入りやすいし、防犯上もその明るさが必要です。

しかしここでは後者、つまり雰囲気をつくる必要のあるお店の明るさについて説明しましょう。

●危険な香りに惹かれる

「暗すぎると入りづらいけど、何があるのか気になる」という心理は誰もが理解できるのではないでしょうか？

入口までのアプローチ部分にキャンドルだけを連続して置いて、お店のサインは小さくボワッと灯されただけのお店が繁盛しています。このような隠れ家的な演出によって、そこに入る自分が特別な存在に感じることができるからです。

つまり、不安を感じることのない、安心できる明るさが好まれるとは限らないのです。

女性が「ちょっと危険な香りがする男性に惹かれる」ようなものです。

明かりは、「ちょっと危険な香りの演出」に欠かせないしかけで、入口の照明へのこだわりが集客力を大きく左右するとも言えます。

●効果的な照らし方で店内に誘導する

特にお酒を出す業態では、明かりは効果的な演出です。入口に無駄な明るさは必要ありません。

ワクワク感を与える明かりは、面で照らすのではなく、点でスポット的に照らします。そして、明かりを連続的に点在させると、奥に入って行きたくなるものです。

入口の演出には、物理的な造作による販促よりも、明かりや色の使い方、空間のつくり方などでお客様の心理を刺激する方法が効果的です。

雰囲気という感覚的な領域をくすぐられると、「入ってみたい」という気持ちに火がつくのです。

ある和食店のファサードデザイン

ファサードの照明計画

和食店なので、昼より夜の集客を意図した照明です。店名が浮きたつハロゲン球のスポットライトのオレンジ色の暖かさに目を止め、大きなのれんでやわらかい雰囲気と粋なスタイルを演出しました。

絵では見えませんが、入口扉につながるアプローチには正円のピンスポットの照明を地面に落とし、キャンドルの入った灯籠を両サイドに点在させました。

ファサードの看板計画

①壁面看板（上部）

木の無垢材(外部なので雨に強い木材を選ぶこと）に店名と、お店のこだわりを筆書きで記入。ボワッと浮き立つ照明を選ぶことが大切です。

②A看板

木の無垢材に店名と、メニューやお店のこだわりを筆書きで記入。通行する人に一番目に入るので、必ず照明はつけてください。

③店名サイン（右側壁面）

スチール板を店名（小さく）で切り抜き内部に照明を入れ、店名が浮きたつように演出します。お店への期待感を持たせるためにわざと思わせぶりな演出とします。

④のれん

高価ですが、麻の素材を使い、素材感を見せます。粋な雰囲気が店内への期待感をそそります。

自分のお店のスタイルを把握しましょう

●放っておくと、スタイルはぼやける

オープンして何年もたつと、しだいにお店のスタイルがぼやけてきて、オーナーの好きな置物などを置いたりすることも少なくありません。もちろんオーナー自身がお店のスタイルをつくっているお店であれば、それでも問題はありません。

ここでは、デザイナーに店舗のデザインを依頼し、オープン後2～3年が経過した頃、開店当初と雰囲気が変わってしまったというケースについてお話しします。実はこういうケースは少なくありません。

●生活感が出はじめていませんか?

お店を運営していると、定休日や催事の案内掲示、第二駐車場の案内看板のデザインなど、オープン時には設置しなかったものの、あとから必要になってくるものが多くあります。

マジック書きした定休日の案内や大きすぎる文字の味気ない文章の掲示物などが、セロテープでベタッと入口の扉に貼りたい放題――こんな、お店の雰囲気を考えていない設置物が増えるにつれて、せっかくのスタイルも崩れていきます。

つまり、徐々に生活感が表われてくるのです。ライフスタイルを売るはずのお店が、ライフ（生活）を売りはじめるようになってしまうのです。

●ファサードで、売れるお店はわかる

ファサードを見ただけで、そのお店の営業状態はだいたいわかるものです。

と言うのも、お店のライフスタイルをオーナーとスタッフ1人1人が理解していないと、お店にふさわしいもの、ふさわしくないものがぼやけてしまい、それがファサードにも表われてしまうからです。

商品を除いて考えてみてください。お客様は何を期待してお店に入ってくれるのか――。それは、お店に来る「こと」が楽しいのです。お店にいる「時間が好き」なのです。その「空間に浸りたい」のです。そんな安らぎの体験を奪うようなことをオーナーやスタッフがしていては、お客様は来なくなってしまいます。

Cafe
Cafe
sweets
Cafe
キッチン
アルバイト募集!!
900～1100
ホールスタッフ
同時募集!

どんなお客様に入って欲しいのかを考えましょう

お店をオープンしたからには長くお客様に愛してもらえるお店でありたいものです。オープンするときには3～4年で閉店など考えていないはずですが、どうすれば長く愛されるのでしょうか?

●ターゲットを絞り込む

お客様のニーズが多様化している中では、客層を絞らずに幅広い人に来て欲しい、という考えではなく、ある程度来店して欲しいお客様の層を絞ることが大切です。

自分のお店のスタイルに合うお客様を確実につかんでいく方法です。

最初からリピーターばかりのお店なんてありませんから、まずは入ってもらうことが大切です。入ってもらいたいお客様をイメージして、その人達はどんなタイプなのかを具体的に考えてみてください。

たとえば、「やさしさ、ナチュラル、手づくり、温もり、フレンチスタイル」がコンセプトで「女の子のお子さんをお持ちのお母さん」をターゲットとする、雑貨・洋服のお店がありますが、これはかなり絞り込まれたターゲットと言えます。

そのうえで、ターゲットに「夢と憧れと安らぎ」を与えるお店づくりをしています。

たとえば、親子で同じ生地を使ったおそろいのブラウスや靴が揃えられます。肌にやさしいナチュラル基礎化粧品や、インテリアの参考になる洋書、フレグランスキャンドルを売っていたり、子供と一緒に遊びながら料理できるようなキッチン用のおもちゃを置いていたり……、ままごと感覚のライフスタイルのシーンが浮かびます。

●ファンから信者へ

このお店はまさにライフスタイルを売っているお店です。店員さんも来店した子供さんをあやす保母さんのようなやさしい笑顔で対応していて、お店と言うよりは学園のような、お客様が〝通ってくる〟感覚のお店です。

毎日かなりのお客様が来店していますが、そのほとんどが〝信者〟です。商品はもちろん色や素材、BGMや照明で徹底的に雰囲気をつくり出すことで、お客様は〝自分のお店〟という認識を持つようになるのです。

▶「ターゲット層分析表」参考例：「女子高生型」

年代別にニーズを追っていくのではなく、人の特質(性質)でニーズを捉えることが大切です。このように、自分のお店のお客様層を分析することで、商品構成や価格、お店のデザインや情報の提案の参考になります。これは、ターゲットとなるお客様が必ず入りたくなるようなポイントを押さえて、確実にお客様をつかんでいく方法のひとつです。

結婚しても積極的に仕事を続け、その仕事に誇りを持ちつつ、常に自分の向上に努める。

行動範囲は広く、多くのことに興味を示す。休日も外出することで気分をリフレッシュしている。

物事に対していろいろな方向から考えることができ、柔軟性がある頭のやわらかい人。

仕事とプライベートをきっちり分け、自分の時間を大切にし、その世界観が確立されている。アクティブで行動力もあり、ポジティブ志向のせいか人からの人望も厚く、社交的。

買い物やウィンドウショッピングが好きで、気に入る商品や掘り出し物を探すためにあれこれ店をまわる。流行っているものはとにかく試してみる、足を運んでみるなど、新しい物好き。新しく、斬新で個性的な物に反応する"活発人"は、古いものへの反応がいまいちで、判断基準はおしゃれか、美しいか、になりやすい。

持ち家一戸建てあるいはマンションに住み、休日は家族と過ごすことが多い。時々友人を呼んで楽しく過ごす。友人は少なくても深くつき合える人を求める。

読書が好きで、情報収集も欠かさない。

購読雑誌

- ·スタジオヴォイス
- ·流行通信
- ·アンアン
- ·サライ
- ·アイデア
- ·Pen

よいお店の判断基準

- · 店員の態度
- · 店の外観（ファサード）
- · 店内の照明
- · トイレ
- · 店内の色の調和
- · 店内の明るさ
- · 商品の展示配置
- · 飾ってある絵
- · 雰囲気づくりの照明
- · 店員との会話

感性基準

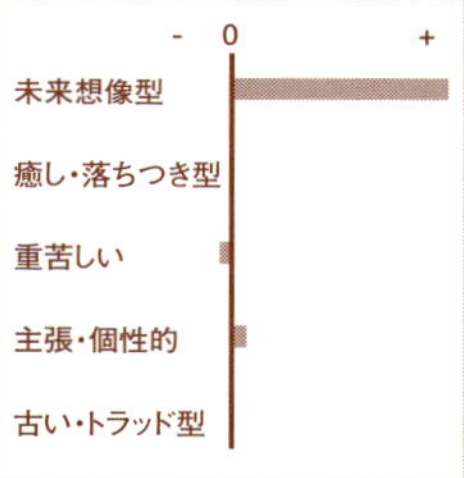

年齢分布表

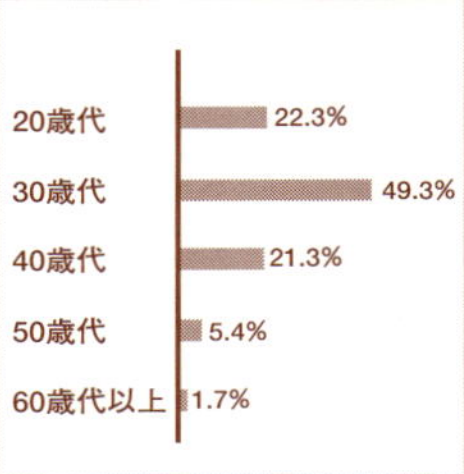

年収分布表

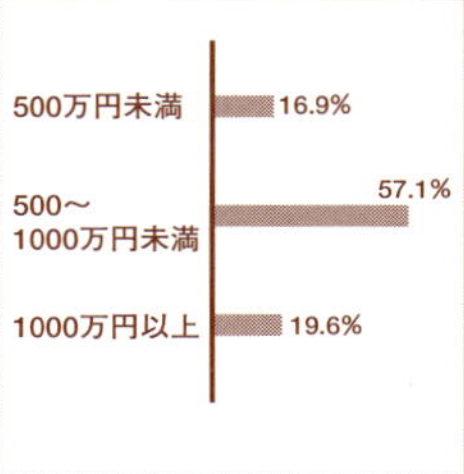

住宅分布表

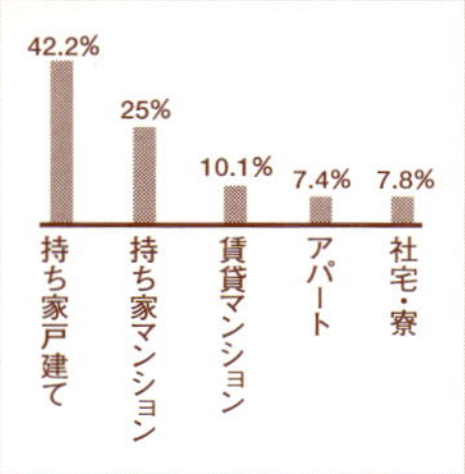

匂いで入りたくなる

●匂いで食べたい！

嗅覚を刺激する販促があることをご存知でしょうか？うなぎ屋さんの香ばしいタレの香り、パン屋さんの焼きたてのおいしそうな香り、ケーキ屋さんのバターの香り、カフェのコーヒーの香り……。実際に嗅覚を刺激される経験は多いのではないでしょうか。

五感の中で視覚に続いて大きな販促効果のある「嗅覚」を効果的に利用する方法があります。

人間の嗅覚による記憶力は優れていて、匂いの先にある「おいしい」という満足感を忘れられないのです。このため、食欲に直結して「いますぐ食べたい」信号が発信されます。これは、どんな販促よりも効果的な演出と言えます。最近では人工の香料でパンの焼きたての香りを再現することもあるようです。

人工の香料を使用することがいいかどうかは別として、ファサードの販促は視覚だけに訴えるものではないということです。焼きたての香りを入口で体験してもらおうと、厨房のオーブンの排気ダクトを、わざと入口付近に設置するケースもあります。

●たばこと販促

嗅覚に関してはひとつ注意点があります。

私は以前、バターの焼けるおいしい香りに誘われて洋菓子屋さんに入ったところ、カフェのたばこの臭いを嗅いでしまい、せっかくの購買意欲が萎えてしまったことがあります。同様のことは、ある有名カフェチェーン店にも当てはまります。食欲とたばこの煙は反比例するため、換気計画に気を配りましょう。

コーヒーの香りを楽しんでもらうために店内全席禁煙にしているスターバックスの戦略は、これまでのカフェの概念を変えるものでした。これは、たばこが悪いと言っているのではありません。おいしさを体験するお店において、たばこの存在は悩むところですが、喫煙してもらうのであれば、喫煙席の場所と換気には注意するべきです。

迷惑だと感じるお客様への配慮と、お店側のポリシーがどうであるのかを、お店づくりの段階で認識することが大切です。

RESTAURANT
STAGE STAGE
OPEN
SORRY
NO SMOKING
please.

58 お店＝ガラス張りと考えていませんか？

●見えすぎると入りづらい、見えないと入りづらい

「お店は中の商品がよく見えたほうがいいので、全面ガラス張りにする」と考えがちですが、必ずしもそうとは限りません。18項でもお話ししましたが、あえて店内をたくさん見せない販促もあります。

特に飲食店では、ファサードの演出さえできていれば、窓ひとつか二つ分だけで店内を見せるのが効果的なケースがあります。

食事している所を外部に見られているような空間では落ち着かないため、見せすぎるとかえって入りにくくなってしまうからです。

お店の回転を上げたいケースや、長居して欲しくないカフェなどではあえてオープンなつくりを計画することがありますが、ゆったりと過ごしてもらいたい飲食店では、壁に囲まれた空間に落ち着きを感じます。

ガラス張りのお店では、お客様がたくさん入っているときは、その数に惹かれて集客できるというメリットがある反面、お客様が入っていない状態が外から見えると集客が困難になることもあります。

広いお店の場合、ガラス張りの面積のバランスを考えないと、人が入っていない場合に「寒々しい印象」を与え、「お客のいない広い空間に入るのは店員全員に見張られているようで、ゆっくり商品を見ることができない」と感じさせしまうのです。

●ガラス面積はライフスタイルに応じて決める

一般的に、特に道路面に接する1階部分の店舗では、「お店はガラス張り」という短絡的な判断をしてしまいがちです。ガラス張りでも柱や壁の配置によって寒々しい印象を和らげることもできますが、ガラス面積を間違えると集客に大きく影響します。

店内が見えないと敷居が高く入りづらいことも事実なのがむずかしいところですが、要は、ファサードでお店のスタイルを演出することがまず重要です。「お店と言えばガラス張り」ということではなく、どれだけの開口面積が自店のライフスタイルに必要なのか、メリットとデメリットを理解して決定しましょう。

PLAN NOTE
NO1.
NO 2.
Type:A
Full open
Type:B
Type:C

59 自動ドアは本当に必要？

スーパーやコンビニ、電気屋さんに薬局など、生活に密着したお店では大きな荷物を持つことが多いから、手動扉は不親切――たしかにそのとおりかもしれません。「なんで自動ドアじゃないの？」と思ったスーパーもありますが、自動ドアの必要性についてお話しするわけではありません。ここでは、ドアがお店のライフスタイルに合っているのかどうかを考えてみましょう。

●機械音に風情なし

自動ドアの「ウィーン」と開く音を気にする人はごくまれかもしれませんが、イメージしてみてください。自然素材にこだわった手づくりのお店の扉が、冷たい素材のアルミとガラスの自動扉だったら……。

人工的な材質、合理的な動作と機械音に、手づくりの温もりを感じるでしょうか？　シェフが素材にこだわってつくった料理や商品のおいしさの演出に最適な販促が、自動ドアにあると言えるでしょうか？

●不便さを活かしたサービス

そうは言っても、ベビーカーを押すときには手動扉は不親切です。両手に荷物を持った手で扉を開けるのは面倒なものです。

それなら、スタッフがその手助けをするというサービス、接客が販促になると考えてください。「どうぞ」と手を差し出せば、「ありがとうございます」とお客様と会話ができます。

不便を逆手にとって愛情を表現すれば、どんなに便利な機械よりもお客様の心にしみいるものです。

●やさしく開けたくなる扉

扉のノブをアンティークの繊細なノブに変えたところ、お客様がやさしく扉を開閉してくれるようになったという例があります。

アンティークという、歴史を感じさせる存在感と繊細なつくりによって、それをつかむお客様の手も自然とやさしくなったのです。不思議な心理です。そんなお店では、商品を手にとる動作も自然とやさしくゆったりとするものです。合理的な利便性が必ずしも必要なわけではないと言える実例でしょう。

Thank you!!

地下と高い場所のお店はどっちがいいの？

店舗の位置はどこにあるといいのか？　この問題を考える前に、消費の中心的役割を担う女性が持つ印象を理解しておきましょう。

●女性は閉所恐怖症

幼稚園児に好きな絵を描いてもらうと、男の子はミニカーやロケットやバス、飛行機に電車などの密閉された機械を、女の子は山やお花や太陽、友達、お姫様、家族など、自分を中心としたオープンな心のつながりを描く傾向があります。

これは、生まれ持った遺伝子の違いらしいのですが、密閉性を好む男性とオープン性を好む女性の特質が現われていると言えます。

つまり、女性は地下などの密閉された空間をあまり好まないということです。このため、心理的に不安を感じる場所に女性層を狙う店舗を選ばないのが妥当です。

もし、どうしても地下につくらなければならないときには、階段を下りた空間をゆったりと広めにとり、ドライエリアにテラスカフェを設けるなど、外の空気を感じさせる工夫が必要です。

●女性は高いところが好き

閉所が苦手な反面、高い所は大丈夫という女性は多く、ジェットコースターも実は女性のほうが得意です。言ってみれば、女性は男性よりも高いところから見下ろす感覚を楽しむ傾向にあるようです。

ホテルのスカイラウンジでの食事は、味よりも眺めのよさにお金を払っている面があります。

この心理を活用すれば、道路や歩道面の高さより１ｍでも店舗を高くすることで、お客様の気分を変えることができます。道路を歩いていた外の感覚を切り捨てて、お店のライフスタイルの雰囲気に引き込むイントロ部分として段差を利用するのです。

階段を一歩一歩上る行動は、その先の体験への期待を高め、高揚感を味わってもらうことができます。これも体験を売りにするお店には必要なしかけと言えます。

ただし、入口に階段をつけるときは身障者用のスロープの設置を忘れないようにしましょう。

all ways
Cafe
OPEN
cafe

7章

入りたくなるファサード

Attractive Facade

スタイルをつくる計算式：色×形＝スタイル？

64項以降でも触れますが、色の心理的作用は非常に大きく、お店のファサードの印象は色使いで決定されると言っても過言ではありません。

色が瞬間的な訴求力を持つのに対し、形の印象は人の情緒や理性に働きかけるので、この二つを組み合わせることで、奥深いさまざまな感情や感覚を生み出すことができます。

●形の「やさしい印象」「強い印象」

形の特徴は、角と線と面の形状で変わります。やさしい形は、角がなく直線的でなく、表面の起伏があまりない、いわゆる丸みをおびた滑らかな形です。流線型、有機的な形とよく言われます。逆に強い形は、角があったり、鋭角だったり、直線的で、表面がゴツゴツとしています。

たとえ素材が同じでも、形の違いで印象は変わります。自然界には定規で引いたような直線ラインの形状は皆無であることからも、滑らかな曲線形状は人にやさしい形で、反対に直線は人工的で冷たく、見るものに緊張感を与えると言えます。

●色の「やさしい印象」「堅い印象」

やさしい色は、淡いパステル調の色や茶系のアースカラーです。明るく淡い印象の色は、かわいらしく、膨張して見え、子供のようなやわらかさとやさしさを感じさせ、親しみやすい印象があります。

反対に堅い色には、黒やグレー、ビビッドな彩度の強い赤、青、黄色があげられます。

●「形」と「色」の組み合わせによるスタイル

形の印象と色の印象を組み合わせることで、さまざまなスタイルが生まれます。ナチュラルで流線型のやさしい形にビビッドな強い色を使うと、おもしろさや力強さを表わせます。子供のおもちゃなどに使われる方式です。

逆に、形が強いのに、優しい色を組み合わせるのは、建築物など面積の大きい場所で親しみやすさを表現するケースです。

お店でも、屋根や外観の形状とその色使いで、おもしろくも、やさしくも、強くも、スタイルをつくることができます。

▶フランスのルーブル美術館

ガラスのピラミッドが美術館の入口ですが、入口から建物につながる螺旋階段のラインが大変美しいのが印象的です。階段を支える柱もなく、蛇行する美しいラインが強調されています。人工物を使って、やわらかさと美しさを形状と素材でうまく表現しています。自然の素材とはまた違ったやさしさを与える表現のひとつです。

ルーブル美術館の中庭に突如と現われるガラスのピラミッドの造作物は、古き建物の中に新しさを象徴的に印象づけます。クリアなガラス張りは光と空気を感じさせ、幾何学の人工的なラインの強さを和らげています。ルーブル宮殿が持つ繊細で美しい雰囲気とは違った、人工物による繊細で美しい雰囲気の対比がおもしろく感じられます。

強い素材――素材の持つ力①

●強い人工素材

鉄、アルミ、ステンレス、ガラス、アクリル、塩ビ、合板、プラスチック、ビニール、コンクリート、人工石などの人工素材は、平面的・直線的でほとんどが強い印象を持つと言っていいでしょう。

人工素材のものが焼ける煙は有毒でイヤな臭いがすることからも、とても人にやさしい印象は生まれてきません。しかし、安価で施工しやすい点から、日常のさまざまな場面で使用されています。

人工素材だけでできたお店のファサードは、デザイン性が強く、新しさの象徴として、若さや近代性、おもしろさなどの印象を与えたいときに有効です。

その反面、堅く、冷たい印象があるため、やさしさや温もりの演出には不向きです。

インパクトがあるため、出店当初は話題になりやすいですが、飽きやすく、時間がたつと古い印象が出てくるので、長く親しんでもらうには、天然素材との組み合わせなどで未来的すぎない印象を持たせることが大切です。

人間は未来的な印象の空間には、安らぎを感じにくく落ち着かないものなのです。

●強い天然素材

強い印象の天然素材には、石、宝石、岩があります。ファサードに宝石を使うわけにはいかないので、天然素材で強さや堅さを表現するには石を用いるのが適切です。

ただ、カットすれば直線的でより堅い印象が生まれるものの、人工素材ほどの強い印象は生まれません。自然環境から生まれた素材は体にもよく、冷たく堅いながらも、どこか温もりも感じさせます。

どの素材をどの部分にどのくらいの量を使用するかで、お店のスタイルは変わってきます。

「どんな印象をお客様に与えたいのか」をイメージするときには、素材の持つ印象も頭に入れておくことが大切です。

すぐにレイアウトに走りがちですが、お店のスタイルをイメージするところからはじめてください。

▶「ポンピドーセンター」（フランス）

スチールのチューブパイプで覆われた外観は、ポップで楽しそうな印象です。また複雑に壁面を交差するチューブパイプのラインは、ほかの建物にあるような、面で覆われた壁のような強さと堅さはなく、繊細で軽快な印象も与えています。しかし、人工素材の無機質で冷たい印象は、落ち着きある空間とは言い難いでしょう。

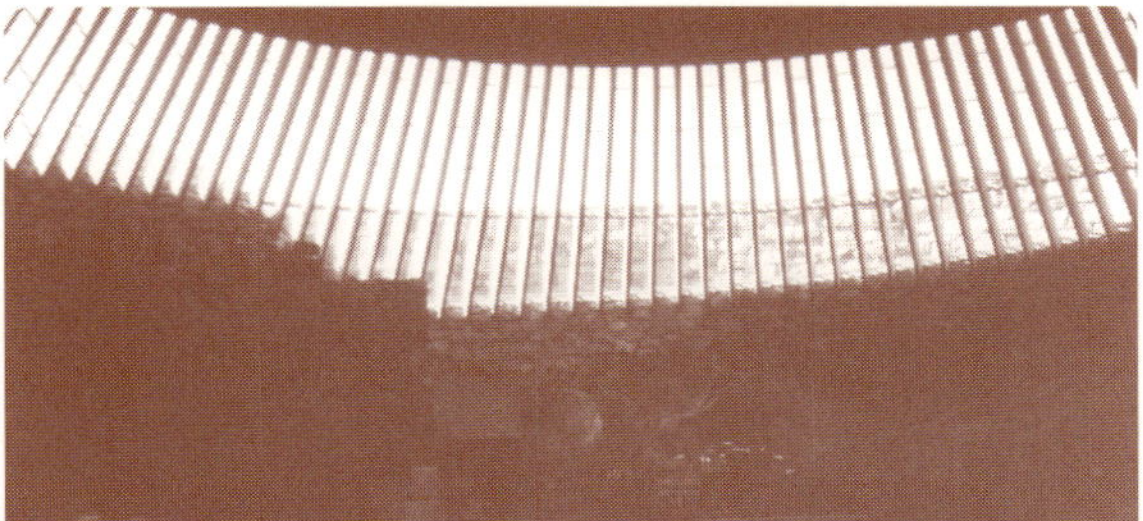

▶「テンペリアウキオン教会」（フィンランド）

岩の教会とも言われるほど、外観はほとんどがゴツゴツとした岩ですが、スチールの十字架の存在が教会であることを表わします。教会はその岩の中にあるのですが、壁面の岩とスチールのスリットから差し込む太陽光がやわらかさと開放感を演出します。移りゆく自然光が自然の暖かさと不変のエネルギーを表わします。そこに、岩という自然素材が神秘的な雰囲気を醸し出しています。岩のゴツゴツとした面の堅さと自然のやわらかさがうまく調和した空間です。

やさしい素材――素材の持つ力②

●存在感・安心感を与える天然素材

前項の反対であるやさしい素材には、言うまでもなく、木や植物、土、水、砂などがあげられます。実際は堅くても、親しみやすくなじみやすい印象を与えます。

天然素材はどうしてもコストがかかりがちですが、人工素材とは違った存在感があり、安心感があります。

最近では飲食店に限らず、洋服などの物販店でも天然素材を効果的に利用しています。古い日本家屋の雰囲気に洋服を陳列したり、ある眼鏡屋さんでは〝わら〟が埋まった土壁を外壁に使い、商品とのミスマッチな演出でファサードにインパクトを出しています。

まさに、商品という〝モノ〟を第一に考えるのではなく、お店での体験やお店のライフスタイルを重視した結果の演出と言えます。

●木は生き物です

木を使用するには、ある意味で「覚悟」が必要です。木のやさしい雰囲気はいいのですが、どうしても夏と冬との湿度の差で木が収縮します。無垢材は特にたわんだり、ひび割れたり、縮んだり……。どんなに乾燥させた木でもこのような現象は避けられませんが、これを、「木の持ち味」として楽しむことが大切です。

入口の扉の立てつけが悪くなることも少なくありません。アルミサッシだったらこんな現象は起きませんが、鍵がしまりにくくなるということも多いのです。

また、何年かに1回は塗料の塗り換えも必要です。色が褪せてみすぼらしくなったり、塗装が木から剥がれて塗装が割れてきたりと、手間がかかる素材であることを理解しておきましょう。

立派な無垢の木を柱に使用すると、パキッと割れる音がして、1～2㎝は裂けてしまいます。

これらは、実際にオーナーが申し出るクレームの例ですが、クレームと考えるのは間違いです。この手間を要するからこそ愛情が生まれ、傷や汚れも味となって雰囲気をつくり出してくれます。そういうものであることを理解し、生きている木だからこその風合いとして受け入れて使用することが大切です。

▶「アルベロベットの建物」（イタリア）
アルベロベットの建物はドングリ型のかわいらしい屋根が特徴です。壁面は石積み、屋根の瓦も石積みです。屋根の少し膨張したようなふっくらしとした形状は、人が一つひとつ積み上げてつくるからこそできる温もりを感じさせます。

▶「コルマールの建物」（フランス）
カラフルな壁面と木組みは、壁が木組みより盛り上がってふっくらとした印象です。また、ウロコ状の瓦屋根、微妙に傾斜した屋根勾配などやわらかい印象の建物は、まるでおとぎ話の雰囲気を醸し出しています。

Attractive Facade 64

ビビッドカラー――色の持つ力①

色は、お客様が入店しようかやめるかを判断する際、瞬間的かつ瞬発的に影響を与える要素です。

このため、オーナーが好きだからという理由で店舗の色を決めるのはいささか危険です。

●パワフルなインパクトはサイン向き

絵の具の6色セットは誰でも見たことがあると思います。赤、緑、黄など、それぞれ単色のみ一色で塗られたファサードや、他の色と混じりけのない単色を組み合わせた色で塗られたファサードのお店をイメージしてみてください。パワーやエネルギーを感じるはずです。遠目からも目に飛び込んできますね。

このようなビビッドカラーは、企業サインや商品のパッケージなど、目立たせたいときに有効です。

元気のよさや、子供らしさ、楽しさ、はっきりとした性質、明るさ、アート性、人工性、デザイン性を表現するのに向いています。

また、色が強く印象的なので瞬発力があります。したがって、サイン的な販促に有効です。たとえば、マツモトキヨシ＝黄色、みずほ銀行＝青というように、企業イメージを色で印象づける効果があります。

●使う色の数と面積には注意

外観の色として使用すると、存在感が生まれ販促的に有効です。ただし、色が強いために飽きやすく、多くの色を使うと落ち着きなく感じますので、使う色数と面積を考えたほうがいいでしょう。

メリハリのあるビビッドカラーは、やさしい印象、やわらかい印象、自然な印象や雰囲気を出したいお店には向きませんが、ショップカードやサインに使うとお客様の記憶に残りやすいと言えます。

なお最近の傾向では、単色のカラーで外観やインテリアの色を決めることは多くありません。同じ青でも緑色を混ぜたブルーと言った具合に、単色を混ぜてできる複雑な色に親しみを感じます。

ビビッドカラーの持つはっきりとした特質におもしろみを感じなくなっているようです。

COLOR + COLOR

ナチュラルカラー——色の持つ力②

最近の傾向では、ナチュラルカラーが人気です。別名アースカラーとも言って、やさしく肌になじむ感じの色です。基本的にはブラウン系が多く、淡い色のパステルカラーや、オフホワイト、くすんだスモーキーな色もナチュラルカラーの部類に入ります。

●自然の色は受け入れやすい

人の性格でも、白黒はっきりしているより、他人に意見を合わせることもできる柔軟なタイプのほうが親しまれるように、色も淡くやさしいほうがほかの色と組み合わせやすく、受け入れやすい傾向にあります。

このように、色には性質があるので、心に入り込んでくる印象で好みか好みでないか、受け入れやすいか受け入れにくいかを瞬間に捉えます。使う色によってお店のスタイルもできやすいのです。

ブラウン系の色は、土や木の幹、落ち葉、木の実などの自然界に多い色なので、安らぎやすく、受け入れやすい色です。どの色にも合わせやすいため、店舗の内外装はもちろんのこと、パッケージによく使われる色です。

ただし、なじみやすいものの、インパクトには欠けるので、遠目からの視認性は弱くなってしまいます。

安らぎや温もり、手づくり感などの人にやさしい印象にしたい場合にナチュラルカラーは友好的です。また、多くの色を使っても全体でひとつの雰囲気をかもし出してくれるため、うるさく感じることはありません。

●天然色は入店を誘う

ナチュラルカラーは、塗料で色を出すばかりではなく、実際の素材の色を活かした演出も可能です。

言葉のとおりナチュラルなので、木の茶色や土や砂の茶色、植物のグリーンや石の色など、塗装せずに天然素材のイメージや存在感を利用するのです。より人の心にやさしい雰囲気を演出したいときに、ファサードの壁面や床面などで使うと、強い主張がないので、気軽に入店しやすくなります。

インパクトは弱い反面、長く親しまれるやわらかいイメージをつくるのに最適です。

Relax...

おいしい色、おいしくない色──色の持つ力③

●おいしそうな色は暖色系

「赤提灯」にひかれて焼鳥屋に入りたくなった経験はありませんか？　もし、いちごやリンゴやトマトが青色だったら、かにやえびの色が緑色だったら……。想像しただけで食欲が萎えませんか？　特に果物や植物に暖色系が多く、〝赤〟＝〝おいしいもの〟という認識があるため、料理をおいしそうに盛りつける場合、赤をポイントで入れたくなります。

赤だけでなく、黄色やオレンジなど暖色系の色は、食欲をそそる色です。

たとえば、中華料理店の看板にはおきまりのように赤が使われています。とうがらしの赤は、辛さと癖になるおいしさを連想させ、食欲をそそります。黄色やオレンジはフルーティーでビタミン豊富なイメージです。

暖色は見ているだけで甘みを想像したり体の体感温度が上がるため、食欲を刺激され、食品を扱うお店やおいしそうな印象を与えたい飲食店のファサードには効果的な色です。

●寒色系は飲食店に不向き

逆に、おいしそうに見えず、飲食店に不向きな色もあります。これは、ブルー系の寒色です。沖縄の熱帯魚のような青い魚を見ても、食欲はあまりわかないのではないでしょうか？

このように、ブルーには人工的で冷たく、苦い印象があるため、青色を一面に使ったファサードのお店の食べ物を、おいしそうに感じることはありません。

ただ、緑も寒色系の色ですが、野菜に緑が多いことから、さほど抵抗感はありません。

緑は甘さをイメージできないものの、〝体にいい食品〟のイメージがあり、緑と補色の関係にある赤と組み合わせると、おいしそうな印象を与えます。

なお、青でも水色となると「水」の色のイメージが加わり、爽やかな印象を持ちます。その場合はデザインもまとまってはじめておいしそうなイメージとなるので、自信のない方は寒色系の色を飲食店のファサードに使用しないほうがいいでしょう。

SO… Delicious!!

モダンスタイルへの近道

●モダンスタイルはスタイリッシュ

生活感を排したシャープなラインとシンプルなデザインという、クールな印象のモダンスタイルは、男性が好むインテリアスタイルの定番とも言えます。

白黒のモノトーンや、ライトブラウンやダークブラウンなどのシックなカラーで、直線的な形の家具や造作物で統一するのがモダンスタイルの特徴です。

シンプルな分、モダンスタイルをベースにして異素材を組み合わせても違和感がなく、どこか遊び心のあるスタイルと言えます。

たとえば、無機質なコンクリートの壁面に天然素材である木材を調和させるスタイルは、デザイン性と機能性を兼ね備えています。高い天井やパネルの斜め貼り、オブジェの効果的な配置など、従来の常識に縛られない遊び心を施した雰囲気は知的でセンシティブな印象を与えます。

代表的なモダンスタイルに、イタリアンモダンというものがあります。シンプルな中に大胆な形をした家具が使われ、赤やブルーといったビビッドで鮮やかな色が使われることも特徴です。素材にはクロームメッキ、ガラスといった無機質なものが多く取り入れられ、よりクールでシャープな印象を与えます。

●クールさと温かみを同居させる

しかし、デザイン性の高さが、敷居の高さ、そっけなさ、冷たさといった印象を与えるのも事実です。

そこでアクセントとして木や石、植物といったナチュラル素材を使うことで、変化や意外性、クールな中にも自然な温かみを持たせることも考えましょう。明るい色の木をふんだんに使い、アクセントにカラーを効かせるなどして、シャープな印象を和らげるのです。このようにナチュラル素材を合わせたものが北欧モダンと呼ばれ、日本でも親しまれています。

モダンスタイルは〝かっこよさ〟がウリなので、生活感が出てしまうと全体のイメージが大きく崩れ、中途半端な印象になってしまいます。お客様の期待は、スタッフのスマートな振る舞いにまで及びます。

モンダンスタイルの特徴

条件	特徴	備考
形状	幾何学　直線　楕円　曲線　平面	曲線や球体や楕円系でも、定規で引いたようなシャープなラインや面が特徴。人工的な形状
素材	スチール　ステンレス　アルミ　ガルバリューム　ガラス　タイル　石　木　砂　水　その他人工素材	ナチュラルな素材でも形状によってはモダンな印象となる。形状から来る印象が強い
色	白　黒　茶　スモーキーカラー	モダンな印象は形状から来る印象が強い。 原色・ビビッドな色だとポップスタイルに近くなる
植物	蓮　ヤシの木　シダ類　黒竹　竹　桜　松　もみじ　スプリットリーフ　カサブランカ　蘭　バラ　ヘリコニア　セローム　カラーなど	色、形状とも個性的な植物が合う

アジアンスタイルへの近道

●癒し効果のあるアジアンスタイル

アジアンスタイルは、タイ、バリ、インドネシア、中国などアジア各国の素朴で暖かみのある民芸家具や織物を取り入れた癒し系スタイルで、リゾート感を演出することができます。

高さを抑えたスタイリングや、植物との組み合わせ、照度を抑えた照明などが、落ち着いた空間を演出してくれます。

籐、竹、麻の天然素材は日本人にとってなじみ深いうえに、低コストで小物などを入手できることから、若い人を中心に定着しつつあります。

このスタイルは、バリ、インドネシアなどのエスニックな雰囲気をつくり出すことが特徴です。カーテン地やソファの張り地は麻や綿の天然繊維、木目を活かした家具、天然素材で手織りした布など、天然素材で手づくりされたものの素朴な温もり感が魅力です。

リゾート地のホテルにいるようなくつろぎ感を演出すると、より雰囲気をつくり出せます。

●なごみの和スタイル

落ち着いた中に凛とした雰囲気を持つ「和スタイル」は、素朴な温もりとやさしさを感じさせることが可能です。日本の古民具や和家具を使うと、格調高い和スタイルが演出できます。基本的に掘りごたつやいろりなどは「座」スタイルなので、全体的に家具は低くまとめ、余計なものは取り除きます。

古いものが多いと重い雰囲気で緊張感が生まれがちなので、ほどよい量のディスプレイがスマートです。

最近では、モダンスタイルと和の骨董品を組み合わせたディスプレイもよく目にします。おしゃれ感を強調したい場合、シャープな中に和スタイルをアクセントとして使うと効果的です。その場合、骨董品はごちゃごちゃと置かず、上質なものだけをポイント的に飾り、空間の美しさを表現するといいでしょう。

このほか、古民家を改装したり移築して店舗に活用すると、存在感のあるお店をつくることができます。

アジアンスタイルの特徴

条件	特徴	備考
形状	幾何学系を除くすべての形状	和スタイルは直線や一部幾何学も当てはまるが、バリやインドネシアスタイルなどは形状の印象が薄い
素材	石　木　砂　水　竹　土　茅葺き　タイル　麻　綿の天然素材　白のオーガンジーの布など	ナチュラル素材がほとんどを占める
色	白　黒　茶　アースカラー	鮮やかな色はなく、白やベージュの明るい色かダークな木の色が特徴
植物	蓮　ヤシの木　シダ類　黒竹　竹　柳　松　もみじ　樱　椿　梅　ネコヤナギ あじさい　木蓮　スイセン　ゆり　欄　スプリット　ヘリコニア　セローム　クイーンプロテア　アンスリウムなど	グリーンリーフや枝など、花も個性的な色や形が多い。アジアンな植物はモダンスタイルにもマッチする

カントリースタイルへの近道

●手づくり感と素朴さに溢れるカントリースタイル

カントリースタイルは、手づくり感のある温かい雰囲気をつくりたいときに適したスタイルです。

使い古されたアンティークの小物とマッチしやすく、独特のかわいらしい雰囲気は年代を問わずに愛着を持つものです。

ひと口にカントリースタイルと言っても、多くの種類に分かれます。

たとえばアメリカン・カントリーは、開拓時代の荒削りだけど愛着のある手づくりされた家具、手間をかけずに織りあげるチェック柄やキルティングのパッチワークなど、手づくりの素朴なかわいらしさが特徴です。

フレンチ・カントリーは、18世紀以降の、流通が発達したフランスの田舎のスタイルで、宮廷のインテリアを農民がまねしたものが起源と言われています。金箔の代わりにペンキを塗り、高級素材の代わりに材木をふんだんに使い、ステンシルやドライフラワーで華やかな装飾を表現していたのです。

●木製家具、農具、キッチンツールで表現

カントリースタイルは基本的に、厳しい生活に負けない力強さ、自然に囲まれたのどかな田舎の家のような飾らない素朴さが魅力的なスタイルです。

カントリースタイルのファサードの特徴は、手焼きのテラコッタの床や、コテ跡を残した塗り壁、刷毛の跡がついた手塗りのペンキ、素人が愛情を込めてつくった木材の自由なラインなどです。

「カントリーらしさ」を出すには、木製家具をベースに壁を汚したり、使い古された農具やキッチンツール、古木などの小物を置くと効果的です。

カントリースタイルと言えばかわいらしい雑貨も特徴のひとつで、最近は、南仏プロヴァンスの田舎の雰囲気が注目されています。

南仏プロヴァンスからは〝自給自足の生活〟や〝ママンのおいしい手づくり料理〟を連想するため、手づくりで体にいい、おいしい食材・料理というイメージをつくりやすいのです。

カントリースタイルの特徴

条件	特徴	備考
形状	「家」を思わせる形　有機的な形状	三角屋根に木の外壁に木の窓に木の扉といった、絵本に出てくる家の形状をイメージさせるもの
素材	アルミ　スチール　ガラス　石　木　レンガ　土　テラコッタ　タイル　麻　綿の天然素材	ナチュラル素材がほとんどを占めるが、アルミやスチールでもきれいすぎないアンティークな印象があればカントリーな印象となる
色	黒を除く色	ナチュラルスタイルとの違いは外壁や鎧戸、窓などに赤や緑や青などの鮮やかな色を使うこと
植物	オリーブ　もみの木　コニファー類　野バラ　チューリップ　ミモザ　ハーブ　ヒヤシンス　スズラン　ムスカリ　ビオラ　デイジー　ひまわり　コスモス　ガーベラ　アイビーなど	西洋の樹木。花は、色が鮮やかすぎず小ぶりの花で素朴な印象のものが合いやすい

ナチュラルスタイルへの近道

●幅広い層に人気

今一番人気のスタイルは、なんと言ってもナチュラルスタイルです。読んで字のごとく、自然なスタイルなので、年代を問わず受け入れやすいことから、雑貨屋やカフェのスタイルに多く使われています。温もりある雰囲気に癒される効果があり、人気に衰えがありません。

シンプルな装飾と淡い色使いが特徴のナチュラルスタイルは、空間が広く感じられることから、温もりがありながらもすっきりとしたクリーンな印象が生まれます。

●自然な色合い＋ポイントカラー

カーテンやソファの貼り地などにコットンや麻といった天然素材を取り入れたり、全体の色合いはホワイトや生成り、ブラウン、植物の色であるグリーンなど自然界にある色がよく使われます。

もちろん素材や色だけでなく、形や飾りからも「自然」が感じられることが大切で、派手に飾ったデコラティブなものより単純な形ですっきりとまとめるのが基本です。

ただし、ブラウンをベースにした色合い一辺倒で部屋をまとめすぎると、ぼやけた印象になることもあります。

ライトブルーやライトグリーンの色を扉や窓枠、建具、小物にポイントカラーとして使用することで、全体が引き締まった印象になります。

●ほどより手づくり感

最近では、アンティークの家具をオブジェのように取り入れてディスプレイしたり、鉄骨むき出しの倉庫のようなモダンな空間をオフホワイトに塗り、ナチュラルなテイストをミックスさせたスタイルが人気です。

白やオフホワイト、ベージュにブラウンといった淡い色調が〝すっきり感〟を印象づけるため、カントリーほどコテコテの手づくり感はありません。

すっきり見える反面、どうしても個性に欠け、物足りなさを感じるケースもあります。

この場合、「真っ白な外壁にアンティークの小さな赤い郵便受け」などのアクセントを加えると効果的です。単純な空間に個性と変化が生まれ、ナチュラルスタイルが引き立ちます。

ナチュラルスタイルの特徴

条件	特徴	備考
形状	シンプルな形状　有機的な形状	直線や一部幾何学の形状でも色や繊細な形状を組み合わせればナチュナルになる
素材	アルミ　スチール　ガラス　石　木　レンガ　土　テラコッタ　タイル　麻　綿の天然素材	ナチュラル素材がほとんどを占めるが、アルミやスチールでも綺麗すぎないアンティークな印象があればナチュラルな印象となる
色	白　ベージュ　アースカラー　パステルカラー系　黒は除く	鮮やかな色はなく、白やベージュの明るい色。ベビーブルーやベビーピンクなどの淡い色も特徴のひとつ
植物	オリーブ　もみの木　コニファー類　野バラ　チューリップ　ミモザ　ハーブ　ヒヤシンス　スズラン　ムスカリ　ビオラ　デイジー　ひまわり　コスモス　ガーベラ　アイビーなど	西洋の樹木。花は、色が鮮やかすぎず小ぶりの花で素朴な印象のものが合いやすい

8章

期待を裏切られると二度と入りません!

71 ツカミはOKでも、中身がショボいと二度と入りません

これまでファサードの印象についてお話ししましたが、中身が伴わない見かけ倒しのお店では、お客様は離れていってしまいます。この章では、お客様を店内に招き入れることができたあとのことをお話しします。

●見かけ倒しでは二度目はない

どんなにセンスよくファッショナブルに着飾った人も、話が退屈で引き出しが少なく、自己主張ばかりで思いやる気持ちがないとなると、人は離れていきます。お店も同じです。つまり、「どんな人とずっと一緒にいたいか」を考えるようにお店づくりを考えることが大切なのです。

実際にあるお店の話です。かわいいガーデニングもあり、ナチュラルスタイルの雰囲気をしっかりとつくり込んだ雑貨屋さんです。店内は洞窟のように部屋を区切り、回遊させるおもしろいつくりです。

それでもお客様がリピートしないのです。体験型の楽しいお店ですが、商品点数が少なく、どこにでもある雑貨しか置いていません。つまり、商品力が弱いのです。

洞窟の回遊のほうが楽しくて商品に興味がわかず、通り抜けて帰ってしまうお店になってしまったのです。商品も少なく、お店とお客様とのキャッチボールができないのです。これは自己主張が強い直球型のお店の例です。冷やかし客ばかりで、「一度体験すれば二度はいいか……」となってしまった残念な例です。

●緊張させるギャラリー型陳列

もうひとつ、雑貨屋さんの例があります。

ファサードの雰囲気はばっちりで、入店後も期待を裏切らない雰囲気なのですが、店内に問題がありました。

商品のディスプレイがきれいすぎて、手にとって触れることを拒むような印象だったのです。

これはギャラリーと化してしまった例です。もう少し、商品を触らせる〝ゆとり〟がほしかったお店です。

もちろん、ディスプレイスペースに遊びの空間を設けることは必要なのですが、陳列状態によってお客様を緊張させ、購買意欲を奪ってしまっては元も子もありません。

ある程度の〝ごちゃごちゃ感〟は、お客様の探す楽しみをあおります。

I'm Repeater

遊びの空間と女性心理

ファサードの遊びの空間は、販促上大きな影響を持つということはすでにお話ししましたが、店内の空間についても同様のことが言えます。

たとえば、入口入ってすぐの場所から〝ぎちぎち〟に置かれた客席では、落ち着いて食事を楽しむことはできません。回転率を重視する立ち食いそば屋なら話は別ですが、お店のスタイルをウリにする場合、客席を1セット減らしてでも、店のスタイルを感じてもらうスペースをつくるほうが販促効果はあります。遊びの空間やディスプレイがあることで、お客様の目を飽きさせることがないからです。

●女性は好きか嫌いが判断基準

男性と女性では買い物の仕方、お店に求めるものが大きく違うため、ターゲットが男女どちらなのかでお店のつくりも変わってきます。ただ一般的に、「女性のお眼鏡にかなうお店」は繁盛するし話題になるので、女性を意識することを忘れてはいけません。

色が気に入らない、なんとなく形がダサい、接客が高飛車、パッケージがいまいち……。嫌いな理由はすぐにあがってきます。好きな理由は、「理屈抜きでいいのよね」のひと言。男性にはわからない領域の価値基準だと思います。感覚的、直感的に好きという価値観が相対的に多いとお店は売れるのです。やっかいなことに、飽きてしまうと振り向きません。そうなると、全面リニューアルをしないと、マイナスイメージを払拭できなくなってしまいます。

このため、店内に遊びの空間を設けて、お店のライフスタイルを演出することが大切です。女性は自分の生活に照らし合わせて比較する傾向があることから、〝憧れ〟を抱くような演出が大切です。

●男性は商品そのものに惚れ込む

一方、男性の場合は、商品そのものや商品がつくられるプロセス、商品スペックが気になるものです。このため、どんなにお店の雰囲気に配慮しても、商品自体に魅力がないと売れないのです。

多くの女性が秋葉原のパソコンショップ、車のディーラー、年代物のカメラや高級ミニカーに関心を持たないのとは対照的です。

遊びの空間から生まれる販促効果は店内も同じ

▶「お菓子夢工房ル・クレール」群馬県太田市

洋菓子店には老若男女が夢を持って来店して来られます。

その気持ちに答えるような店内の演出をすることで、買い物の時間が特別な体験の時間と空間になります。その結果、このお店に来ることが楽しく、ワクワクした気持ちで商品を選ぶことができ、このお店のファンになっていきます。商品をただ並べるだけのお店では、お客様は満足しなくなっています。買い物することに満足する空間をつくるという観点でお店のデザインを考えることが大切です。

店内にストーリーを

入口の扉を開けて最初に目に飛び込んでくるものは何ですか？　スーパーなら特価商品の山盛りやレジ台が見えたり、いきなり店内全体が飛び込んできたり……。

お店づくりでは、デザインやレイアウトをスタッフの視点で考えてしまいがちですが、まずはひと呼吸置いて、入口の扉を開けてからのお客様の行動パターンをどうつくるか、を考えてください。

つまり、ストーリーをつくるのです。

●広すぎる空間はマイナス

入ってすぐに店内全体を見せるつくりは、インパクトを与えたいときには有効ですが、広すぎるとお客様は空間になじめません。

この場合、魅せる造作物（インテリア）を置くか、クッションとなるスペースをつくりましょう。壁などで仕切れない場合は、目線の位置にお店のスタイルを表わすディスプレイを置くことです。

要するに、ディスプレイなどでお客様の目線が泳がないような工夫が必要なのです。

●3パターン程度のシーンに分ける

店内にストーリーをつくりやすいのは、3シーン程度に分ける方法です。たとえば飲食店なら、ダイニング、リビング、テラスという具合に店内を分けます。

①オープンキッチンの目前で、調理する音と匂いとシェフの腕さばきというパフォーマンスを楽しむ、シェフズテーブルのようなダイニングスペース

②店内奥の囲まれた空間でゆったりと食事を楽しむ、リラックス感溢れるリビングスペース

③外光を感じる、あるいは実際に外に出られるオープンな雰囲気のテラススペース

という具合に空間を分けます。

どの位置に座っても見えるシーンが違うため、お客様に「すべての席に座ってみたくなるワクワク感」を提供できるのです。

防犯上、死角をつくることは避けがちですが、曲がったり、囲まれたり、回遊できるほうがお客様は楽しめます。物販店でも同様に考えてみてください。

あるイタリアンレストランのレイアウト

これは、ショッピングモール内のテナントショップです。

店内を3パターンの空間に区切って、来店するたびに違った雰囲気で食事ができるようにしました。

お客様が料理が運ばれてくるまでの間、目を飽きさせないよう、座る位置によって見えるシーンが違うように壁の位置、開口の数や大きさを考えました。

オープンキッチンでシェフのパフォーマンスを楽しめる動きのあるデザインとなっています。

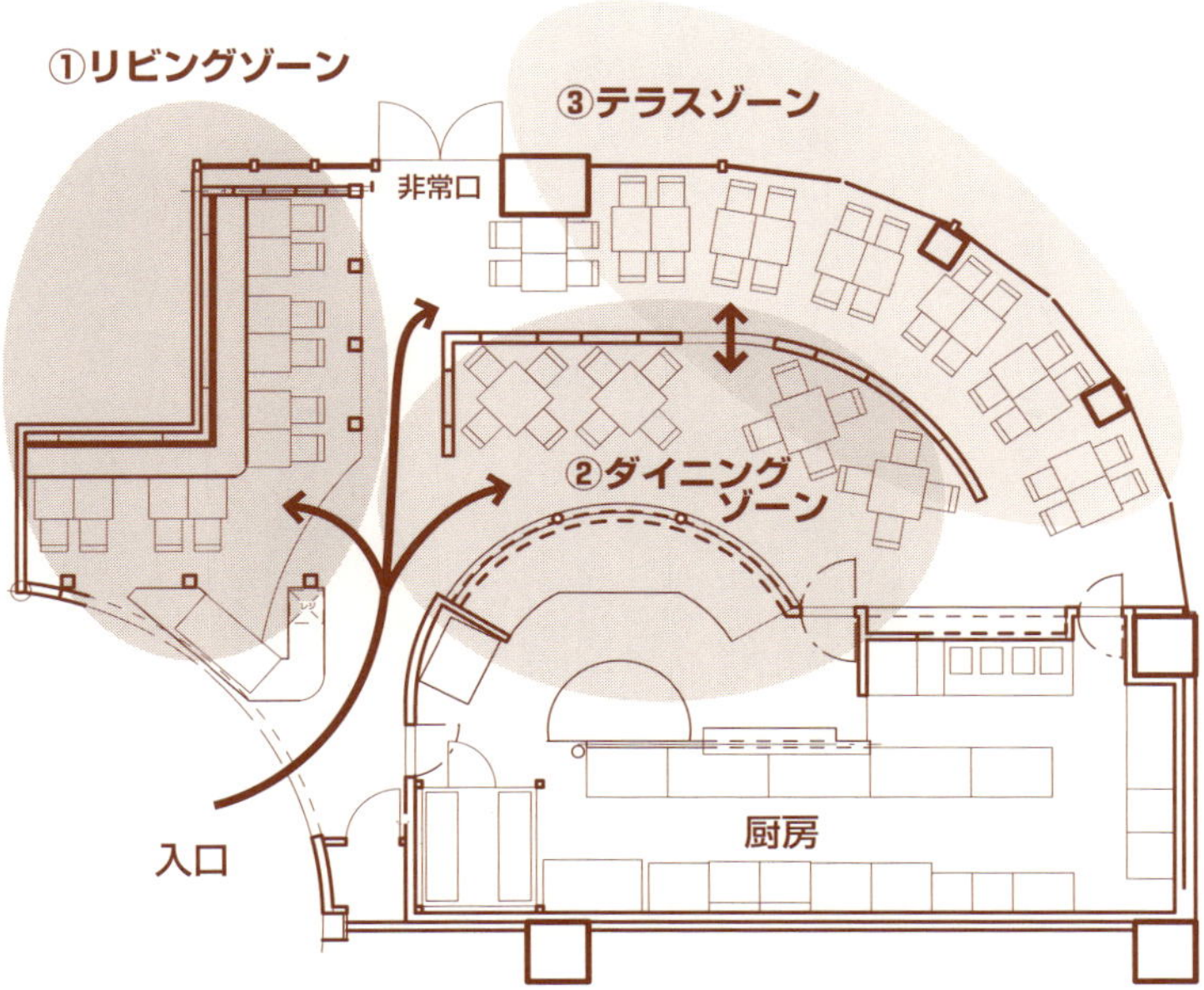

①リビングゾーン
家でいうくつろぎの雰囲気でゆったりと食事できる空間です。

②ダイニングゾーン
スタジアムキッチンのようなオープンキッチンでシェフがピザをつくるパフォーマンスを楽しめる空間です。無駄のないシェフの動きがお客様を飽きさせません。

③テラスゾーン
店内の壁の開口から、オープンキッチンが見えます。その壁が外壁のような印象を与えるため、実際はテラスではないものの、ガラス張りの壁から降り注ぐ外光によって、まるで外にいるような雰囲気になります。

提案することを忘れていませんか？

●売上の目標数値が販売の目的ではありません

「今年度の売上は○○万円！　売上を上げるために、さあ売れ！　がんばろう！」という考えで、売上が上がるわけはありません。

売上は「顧客満足の結果」であって、「目的」ではないからです。商品そのものだけに頼るのではなく、お店に対する顧客満足度が売上を大きく左右することを忘れないようにしましょう。

仮にお客様がリピーターになってくれたとしても、ずっと来店し続けてくれる保証はありません。どんなに気に入ったお店でも、「なんとなく、飽きちゃった」という理由で来店しなくなるものです。お客様は新しいもの好きで、移り気なのです。

●お客様を飽きさせない

「なんとなく飽きちゃった」という理由で通わなくなった経験は、誰にでもあるのではないでしょうか？

「飽きる」感情はなぜ起きるのかを考えてみると、「変化がないこと」が最大の理由ではないでしょうか。お店で同じことばかり繰り返している、時間が停滞しているように感じるなど、動きが感じられなくなると危険信号です。お店自体も〝鮮度感〟が必要なのです。

毎年リニューアルするわけにはいかないため、どこで変化を感じてもらうかが鍵となります。

●変化が販促であることを忘れるな

自由が丘にある有名な雑貨屋さんで、雑貨ブーム以前からいまだに繁盛しているお店があります。

いつも感心させられるのが、季節ごとに店内のレイアウトが大きく変わる点です。

催事ごとのディスプレイも変化に富んでいて、さらに店内ＢＧＭもいつも違うのです。新鮮さを心がけ、お客様が来店するたびに、新たな発見をちゃんと与えているのです。

十数年もレイアウトを変え続けるのはスタッフにとって負担ですが、絶え間ない変化が販促につながることを忘れない心構えが、繁盛店を保つ秘訣と言えるのだと思います。

お客様を飽きさせない演出を心がけよう

▶レストランのファサード　「アロマヴィータ」群馬県太田市

イタリアンレストランのファサードです。ファサードに動きと新鮮さを出すために、季節ごとのディスプレイと、アンティークのTVの画面からはシェフやスタッフが厨房で働いている姿やメニューや食材などをBGMとして流します。

ショーケースの中にはデザートを入れ、商品の回転と、映像の変化など時間が止まらないような演出をすることで、お客様を飽きさせることなく、通るたびに新しい顔をつくれるようなデザインとしました。

75 「商い」＝「飽きない」？

●モノを〝買いたくさせて〟いますか？

何度も繰り返しますが、〝モノを売る〟時代は終わりました。モノが飽和状態の世の中で自分のお店を選んでもらうには、単にモノを売っているだけでは魅力がありません。「商品をどう売るか」より、「お客様をどう楽しませるか」を考える必要があります。

明石家さんまさんは何十年もトップを走り続けるお笑い芸人で、出演番組はいずれも高視聴率です。なぜかはおわかりですよね？　おもしろいから視聴者が飽きずに見てしまうのです。そして、さんまさんには生活感がありません。それがカリスマ性を生み出しているのです。

このように、商売も人を楽しませ続けることができれば、繁盛店でいられます。「商い（あきない）」＝「飽きない（あきない）」、つまり「飽きさせないこと」が商売の秘訣だと言っていいでしょう。

飽きさせない演出にお客様が満足すると、その結果、お財布の口が開くのです。

●コントで売れば「ツカミはＯＫ」

「コントで売る」――そんなことを言われても、「いったいなんのこっちゃ？」ですね。

「コントで売る」とは、お客様と商品を対話させることです。商品だけを並べるのではなく、商品の使用場面＝ライフスタイルのシーンをディスプレイして、ワンランク上の生活や、楽しいライフスタイルを想像させます。それによって「この商品があったらいいなぁ」という憧れ感をツカみましょう。

さらに、お客様を飽きさせないために、通り一遍の説明ではなく、楽しいＰＯＰで売ることを考えましょう。

たとえば、「ステキなマグカップはいかが？」の商品説明を次の文に変えてみるとどうでしょう。「私は2回目の来店で買いました。やっぱり欲しい！　は心が欲しているのです。このマグカップ！」――ＰＯＰしだいで商品が生きてきます。

こんな、お客様の視点に立ったＰＯＰのコメントも販促効果があります。商品説明も必要ですが、わかりきったことしか説明できないのなら、遊ぶことも必要です。

other day…
Nice cup….
Today
Take it!!
COFFE

76

接客に人の温もりを感じられますか？

商品、お店づくりと並んで重要な販促に、上手な接客による効果があげられます。お客様は人間ですから、人から受ける印象はもっとも感じる部分が大きいのです。気取った高飛車な対応、マニュアルの挨拶と説明しかできない対応、商品やお釣りの渡し方ががさつ——このような、ちょっと気になる接客は、意外に多く目にするものです。

●スタッフは店の顔

マニュアル化された挨拶ほど耳につくものはありません。愛情や温もりを感じにくく、挨拶することが目的になっている印象を受けます。また、商品をきちんと説明できないスタッフを売場に立たせるのも問題です。スタッフの対応はお店やオーナーのポリシーを反映するものなので、「アルバイトなので、わからないんです」なんていう応対は御法度なのです。

忙しさのあまり雑な対応になったり、笑顔が消えることもあるでしょうが、お店ではお客様が主役です。「雑な接客はお客様に甘えている」ということを忘れないようにしましょう。

●クレームはファンをつくるチャンス！

商品を扱っていれば、クレームは必ず発生するものです。ただ、このときのお店側の対応しだいで「二度と行かないお店」にも、「通い続けるお店」にもなります。

通い続けるお店になるには、間違いがあった場合は素直に謝ること、そして迅速な対応をすることが大切です。クレームの対応で待たされるほど、腹立たしく思えることはありませんから、まずはお客様の言い分に耳を傾けることです。このとき、すぐに言い訳をしないこと。お客様の意見を尊重したうえで、お店側としてどう対応することがベストなのか、お客様の立場で考えましょう。

クレーム対応にこそ、人間性がもっとも顕著に表われます。当初はクレームでも、期待以上のお店側の対応によって、逆にお店が好きになるケースも少なくありません。お客様がクレームを訴えたことを恐縮するぐらいの応対を心がけるといいでしょう。

お客様と「商売上の関係」でなく、「人と人とのつながり」を持てるようになりたいものです。

last year…
I'm sorry!
This year.
Thank you!!

楽屋裏を見せていませんか？

ライフスタイルがウリのお店では、そのスタイルをお客様は手に入れられそうで、手に入らないという距離感をつくることが大切です。すべてが簡単にまねできて手に入ってしまうようではおもしろくなく、お店に通うほど興味がわきません。

75項で、「明石家さんまさんの人気の秘訣に生活感のないカリスマ性がある」と言いました。つまり、人気に生活感は必要ないのです。生活臭のする所帯臭さはお店にも必要ないと言えるでしょう。

●気のゆるみが〝崩れ〟のはじまり

生活感を感じさせないお店とは、楽屋裏を見せないお店のことです。仕入れのダンボールがお店に山積みになっていたり、受注書をセロテープでベタベタとレジ周りにはってみたり、スタッフのシフト表が丸見えだったり、休憩中のスタッフの笑い声がお店に聞こえたり……。

「これぐらいいいでしょう」という甘えは、お店の中が雑然としてしまう兆候です。そうならないためには、お店づくりを考えるときに、バックヤードの面積も考えることです。スタッフの作業スペースもある程度確保することが大切です。お客様の導線を考えると同時に、作業内容を時系列に表にして、1日の作業の流れとスタッフの作業動線を考えてください。

●レジ周りに気をつけて

一番の楽屋裏は、実はレジ周りです。もっとも作業内容が多い場所だけに、スペース配分を間違えると、収拾がつきません。レジ台の収納内容、包装台の収納内容（包装紙のサイズと手提げ袋のサイズに合わせた包装台のデザイン）をまとめて、スタッフの導線も考慮することで、限られたスペースを有効活用することができます。

用意周到に計画して使いやすい楽屋裏をつくると、スタッフのストレスも軽減されます。スタッフに余裕がないと、心配りできる接客はできなくなります。

レジの内側にしか立たないスタッフは、1日の終わりに、お客様の立つ位置からお客様の目線で店内をチェックしてみてください。隠しているはずの書類がしっかりとお客様の目に入っていた、ということもありますから……。

工事前

レジ周りはどうしても、オープンしてから日がたつにつれて、雑然となりがちです。伝票をどうしても貼りたいのであれば、あちこちに貼るのではなく、コルクボードを置いて、その部分のみに貼るようにするなど、お客様の立ち位置でレジ周りをチェックしてください。レジ周りの汚さは、厨房の汚いイメージにつながります。

お気に入りの切り札は「トイレのデザイン」？

売れるお店とトイレの快適さは比例していると言っても過言ではありません。特に女性なら、「トイレは譲れないこだわりの領域」であることを理解いただけますよね。

●とにかく清潔感

きれいというよりは、汚れていないか、素手でボタンを押せるか、荷物を置いても汚れないかなど、清潔感が第一の条件です。女性にとって、トイレは用を足すだけの場所ではなく、恋人や友達から離れて1人になれる、くつろぎの空間なのです。お化粧直しもしたいし、伝線の入ったストッキングを履き替えたいし、「かわいい顔」のチェックもしたいし、いわば変身する場でもあるのです。

このため、女性客狙いのお店なら、トイレのデザインに力を入れることです。

まずは、広いこと。間接照明で雰囲気をつくることも大切です。洗面台には、石や陶器やガラスなどさまざまな素材があるため、デザインにも工夫の余地があります。トイレの洗面ボールだからと言って安価なものですませるのは考えものです。

●おばけ照明に興ざめ

洗面台の鏡や、パウダールームの鏡の照明には注意が必要です。21・30項でもお話ししましたが、同じ顔でも照明しだいでおばけのように老けた顔にも、色白の美しい顔にも見えます。テレビ番組で年配女優の顔面にスポットライトがあたっていることに気づいた方もいると思いますが、これが大切なのです。

トイレの鏡に求められることは、自分の顔がきれいに見えるかどうかですから、照明にはぜひ配慮しましょう。

頭の上からの照明は影が下に落ちるため、顔に影ができて10歳も20歳も老けて見えます。

ところが、頭より少し手前に照明を置くだけで影ができにくくなります。鏡の裏に間接照明を埋め込み、顔の正面からの光を合わせると、顔映りがよく見えます。

スペースが許すなら、便器のある場所と洗面所は仕切るのが理想的です。また、洗面所の外置きのゴミ箱の中身が見えると雑多な印象を与えるので、中身が見えない蓋つきにするか、洗面台に埋め込むデザインがいいでしょう。

トイレが狭く洗面所として別室がとれない場合は、このように便器の前や横に設置します。小さい洗面ボールでもデザインされたモノがたくさんありますので、トイレの中の雰囲気づくりも手を抜かないことが大切です。

お店のトイレはお客様のご自宅のトイレのヒントにしたい身近なお手本です。壁面素材やディスプレイ、照明などを使って、トイレもひとつの部屋として考えてください。トイレは用を足すだけの場所ではないのです。ホッと一息入れる癒しの空間なのです。

間違った陳列をしていませんか？

ファサードでお客様を引き込み、店内を回遊させるレイアウトができたら、次に商品の陳列方法を考えます。

●島什器の陳列

入口入ってすぐの「島什器」では、催事ものや限定商品などの、今だけの旬な商品を陳列するのに適しています。

商品のボリューム感で魅せる陳列方法もあれば、ディスプレイと合わせて雰囲気をつくる陳列方法もありますが、重要なのは「変化があること」です。入店して最初に目にする場所なので、来店するたびに内容が変わっている印象を与え、飽きさせないことが大切です。

●壁面陳列

壁面全体を陳列スペースに使えるので、もっとも有効に陳列できる場所です。しかし「売れる高さ」があるので、どの位置に何を陳列するか「ゾーニング」する必要があります。

床から50cmまでは、商品を陳列しても売りにくい高さなので、ここはストックスペースと考えてください。60～150cmぐらいまでの高さが実際の商品陳列のスペースとなり、売りたい商品、売れる商品を陳列します。

80～130cmはPOPの文字も読みやすいので、POPと組み合わせた販促も有効です。

もっとも目に入る130～150cmの位置にディスプレイを置き、商品を使ったディスプレイでシーンメーキングして、お客様の心をつかみます。その下にディスプレイした商品を並べると、ディスプレイされた商品を探す手間なく、商品を手にとって吟味できるので効果的です。

●棚陳列

店内中央に高さのある棚陳列を置くと圧迫感があるうえ、視界が遮られ防犯上もよくありません。什器の高さは130cmぐらいとして、商品をぎっしり埋め込むよりは、余裕を持って陳列することです。棚陳列の場合も、床から50cmまではストックスペースと考えてください。

棚陳列も壁面陳列も、棚下照明をお勧めします。影ができると商品がよく見えませんので、かならずスリム管などの棚下照明をつけることです。ディスプレイしたところは、かならずスポット照明で目立たせてください。

ある雑貨屋の平面レイアウト

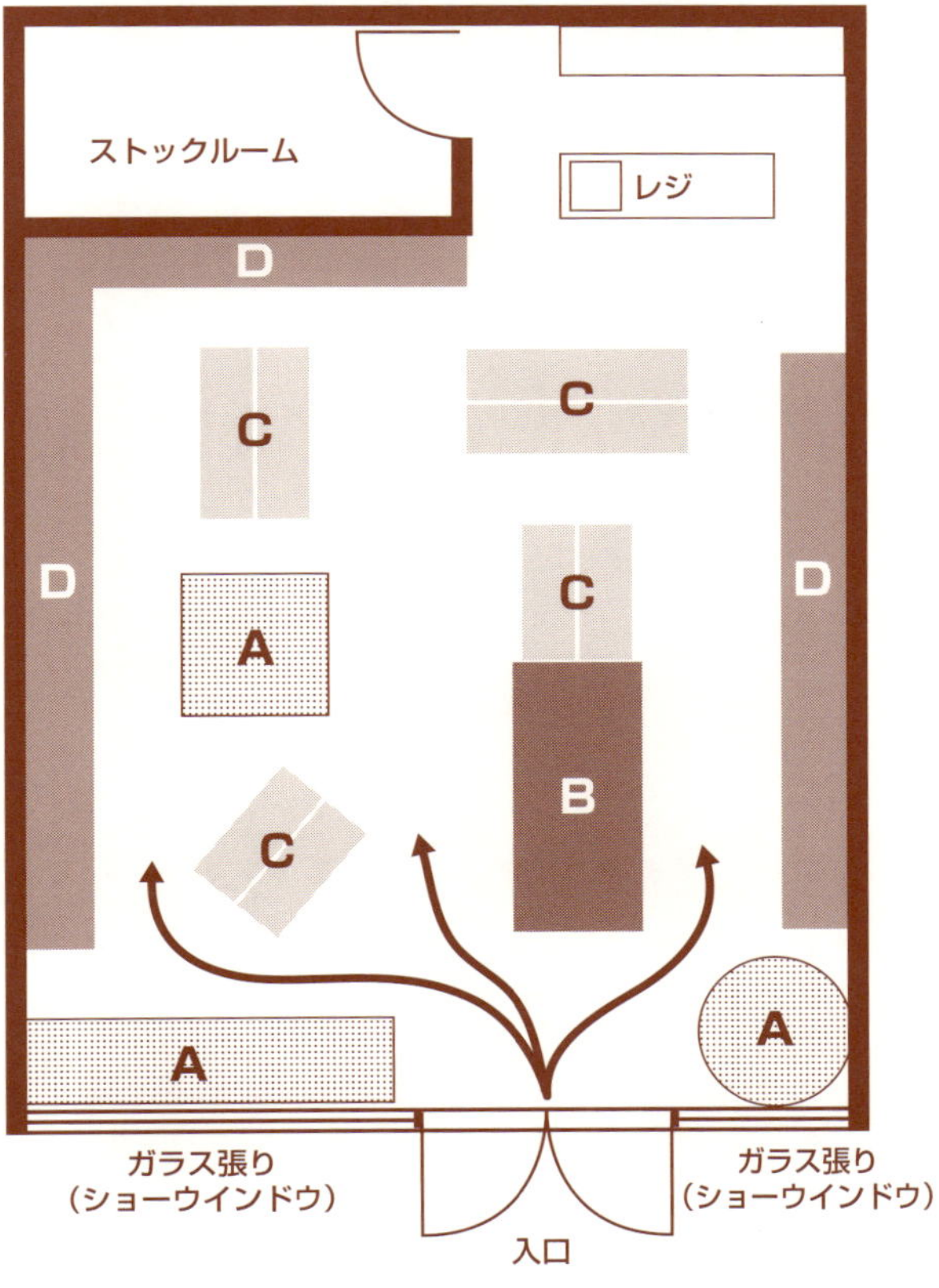

記号	什器	陳列内容	什器タイプ	什器高さ
A	島什器（ディスプレイ用）	季節ごとに変化する完全なディスプレイ	テーブル型	50〜90cm
B	島什器（ディスプレイ+陳列）	新商品の紹介をディスプレイしながら商品も陳列	テーブル型	50〜90cm
C	中央陳列什器	商品陳列 ※50cmまでは引出式ストック	陳列棚型	1.1〜1.5m
D	壁面陳列什器	商品陳列 ※50cmまでは引出式ストック	陳列棚型	1.9m〜天井まで

BGMにもこだわっていますか?

●BGMでもスタイル提案

多くの商業施設では、依然として「適当な音楽が流れていれば店がよく見える」といった程度の認識なので、次にどんな音楽が流れるかわからない有線放送を使用しているのが現状です。

今は、消費者の感性が商品（モノ）や店舗（空間）に共感しなければ売れるお店として成功しない時代です。そのためにも、聴覚を含めた人間の五感に対して積極的な働きかけが必要になります。

ライフスタイルを提案しているお店なら、そのスタイルに合ったBGMもぜひ選曲しましょう。特に女性は、〝音環境〟に対して敏感です。有線放送に耳を傾けることや、ただなんとなく流れているBGMに反応することはほとんどないでしょうが、お店のスタイルに合ったBGMには反応するものです。

お客様は「この曲なんていう曲ですか?」と関心を持ち、アーティストの名前を聞いてくるでしょう。自分の部屋も同じ音空間にしたいのです。お客様に尋ねられれば、スタッフはそれに答えます。すると、どうですか? おのずとコミュニケーションが生まれます。

●効果音も活用しよう

メロディーや音色、声、歌詞などのついたBGMのみならず、水のせせらぎや小鳥の鳴き声といった自然音、つまり効果音もひとつの音環境です。

この効果音は、音そのものの響きや重さ、時間といった要素によって、空間を満たし、空間の質を高め、人の心理により深いレベルで働きかけてくれます。

お店の扉にたどり着くまでのアプローチの音環境の演出として効果音を使用したり、扉を開けて何もない空間に効果音をゆったりを流すだけで、人は吸い込まれるようにお店の環境になじんでいきます。

このように、人を誘導する効果音、シーンを描き出すBGMは、人と商品と空間を密接に結びつけるために機能しています。

店内での体験をウリにするお店なら、有線放送に頼りっぱなしというわけにはいかなくなるはずです。

BGM NO II

9章

女性の心理を見抜けばお客は増える

Attractive Facade

女性は直感的にお店を判断する

●印象は8割がた外観で判断

これまでご説明してきたように、お客様はお店に入ろうか入るまいかをたった3秒で決めています。外観の印象が売上を二分してしまうのです。「ひと目惚れ」を起こさせるかそうでないかは、お店の外観が握っているのです。

女性は男性より「感覚」「色彩」「感情」「音感」「空間」の感性をつかさどる右脳が発達していると言われています。

つまり、ファサードの雰囲気を感情的に、直感的に判断したり、「ひと目惚れ」するのは、特に女性に多く見られる現象です。

したがって、消費の大半を占める女性を「いかに惚れさせるか」を考えることが売上を上げる焦点になると言えます。お店のデザインや雰囲気をおろそかにしたのでは、女性の購買意欲をそそらないのは、言うまでもありません。

●単純なのに複雑?

女性がよい第一印象を受けた場合に使う言葉が、「かわいい」「かっこいい」「色っぽい」「すてき」などのひと言の形容詞です。このひと言の裏には、言った本人も気づかない要素がたくさん組み合わされています。

たとえば○×○＝6、○＋○＝6の○の中のように、答えが「6」になる式は幾通りもあります。結果を「6」にするにはたくさんの方法があるのです。

お店づくりも同様です。

いろいろな方法やしかけ（演出）が重なり合ってはじめて、「かわいい」と思っていただけるのですから、単純に入口の看板がかわいいだけでは、「惚れる」領域には達しないのです。

看板、アプローチ、扉のデザイン、外壁、屋根の形状や色、ガーデニングのデザインなどが合わさってはじめて雰囲気が生まれ、それに対して「かわいい」という印象が生まれるのです。

「かわいい」などの形容詞は単純に発せられていますが、女性の視覚には、たくさんの情報が飛び込んできて、それを3秒で編集して印象を決めているのです。複雑ですね。

SENSE
COLOR
FEELING
SENSE
SPACE
3 second.

気に入ると通い続けます

●「そこで過ごす時間が好き」

女性の心理とお店の流行には、大きな関係があります。いいなぁと思うお店には買い物をする「こと」が楽しい、なんらかの「体験」があります。その「体験」は「ワクワクする」「気持ちいい」「癒される」「落ち着く」のです。そんな気持ちになれる体験を買いに、足繁く通うのです。たとえ買いたい「モノ」がなくても、「ワクワクや気持ちいい」体験をするために来店してくれます。

お店にいることで癒される、お店のライフスタイルに浸りたい、そこで過ごす時間が好き、となると、たとえ商品が置いてなくても、その雰囲気をつくりだすだけで、お客様が次々にやって来ることも可能です。

●買い物する女性とカフェの関係

女性は好きな空間には、少しでも長くいたいと感じる傾向があるので、「気に入った場所ではお茶をしたく」なります。

この女性の特性に対応し、物販店でも体験型のお店なら、小さくても、紅茶だけのメニューでもカフェを併設することをお勧めしています。コーヒーより紅茶のほうがいいでしょう。

女性はそもそも〝ままごと感覚〟が好きです。煎れ方の能書きを読み、砂時計で待たされて、面倒くさくてもお茶の道具をさわりながら紅茶を煎れるのが好きです。ここでしかできない気取ったままごと体験を楽しんでいるのです。家ではこんな紅茶の煎れ方はしないものですから。

狭い駐車場に車を停めて2時間もいられては困るという気持ちもわかります。しかし、ここではカフェでの収益よりも、顧客が満足する体験を売ることをお勧めします。

ある洋菓子店にこのような理由で小さなカフェをつくりました。16席しかありません。メニューは、コーヒー、エスプレッソ、カフェオレ、紅茶を４５０円から５００円と郊外では高めの値段にし、ショーケースの中のケーキと一緒に利用してもらったのです。すると、土、日で１７０人も集客できました。近くの喫茶店より集客しています。

これは、お店の雰囲気があり、ライフスタイルの体験があるお店だからこそできた結果です。

洋菓子店のカフェ

▶「ケーキハウス マルフジ」石川県小松市

売場の片隅に小さなカフェをつくりました。
お店での体験を大切にしてもらい、お店のライフスタイルをじっくりと味わってもらうための大きな販促スペースです。

アプローチの脇にテラスをつくりました。
この空間は、ファサードに顔をつくるためにも大変重要な演出です。
この空間は空気の有機的な流れを生み、親しみやすさを感じさせます。

「売れているかどうか」が購買意欲

●友達に負けたくない

女性は同性と自分を比較する傾向があります。友達のネイルと同じネイルをしたくなったり、友達がクッキングスクールに通うと自分も通いたくなったり、つまり友達がしていること、身につけているものが欲しくなるものです。

友達から取り残されるのはイヤで、友達の中でも中心でいたいため、女性は女友達と会うときに、恋人と会うとき以上におしゃれには気を遣います。

●「売れている」から欲しいのです

女性の購買動機には「流行しているものを一応体験したい」「人が持っているものが欲しくなる」というものがあります。また、その商品を持つことで目立つ、その商品を身につけることで現状以上の自分になれる——そんな商品を求めています。

このような女性特有の購買動機は、自分が「心から商品を欲してはいない」場合でも買い物することを意味します。

「最近よく売れています」という太鼓判があると、これを買っておけば間違いないだろうということになり、「あの店流行っているよ」と聞くと人が集まります。売れている商品はますます売れ、売れているお店はますます売れるしくみです。

反対に、売れなくなってきたお店はますます売れなくなってしまいますが、売れなくなってから立て直すのは、かなりむずかしいものです。

実は、売れる商品には商品以外に少しばかりのしかけが必要なのです。「品切れ感」と「限定感」です。いつ行っても売り切れているという品切れ感を生むために数を調整したり、「○○個限定」と数量を制限することで、商品の価値を上げる、などの方法があります。ただ気をつけたいのは、いつ行っても商品にありつけないと、諦められてしまいますので、その辺のバランスを考えなくてはなりません。

恋愛と同じで、お客様は手に入らない商品は追い求める気持ちが高まり、商品が追ってくると買いたくなくなるものなのです。

Take It!!
limited edition!

口コミの発信源は女性——口コミの力①

●女性が鍵となる口コミ販促

女性が好む雰囲気に「自分が自分以上にみなされる場所・こと」があります。つまり、どんな女性も、背伸びできて女友達に自慢できる体験が好きなのです。かっこいいステキな彼を友達に自慢したくなるのと同じです。

特に10代や20代の若い世代にこの傾向は強いようです。30代、40代になると外見だけのかっこよさよりも「持ち味」といった内面の「うまみ」に価値を置く傾向があります。

お店づくりでも、「かっこよさ」をウリにするのか、そのお店の「持ち味」をウリにするのか、ターゲット層によってスタイルは異なります。

いずれにしても、憧れのライフスタイルを体験すると、それを自慢したくなる女性の心理が、口コミというひとつの販促を生み出していると言えます。

●女性はいつも「共感して欲しい」

もうひとつ、女性特有の心理に「共感して欲しい」という心理があります。

女性は、自分が体験したことに共感して欲しいと思う気持ちが強いため、おしゃべりが止まりません。いいことも悪いことも共感して欲しい。理論的に解決策を相手に求めているのでなく、ただただ共感して欲しいのです。

自分が気に入ったお店についても、友達に体験させたいものなのです。「本当、言ったとおりのステキなお店だね」というひと言が嬉しいのと、自分がいい体験を教えてあげることができたという満足感を味わいたいのです。だから、「教えたくなる、しゃべりたくなる」のです。

自分がお気に入りのかっこいいレストランを自慢したいし、かわいいカフェを友達に共感してもらいたいために、誘うのです。「人気のお店づくり」のきっかけとなる口コミは、そんな女性の心理によって発生していると思われます。

広告のチラシを見て来店した不特定多数のお客様からリピーターをつくるより、お客様がお客様を連れて来てくれる口コミの販促のほうが、自分のお店を気に入ってくれる確率は高いと言えます。無駄にチラシの印刷代にお金をかけるより、確実な販促なのです。

café
café
SO NICE!!
Delicious!!

しゃべりたくなるポイントはズバリここ！――口コミの力②

●悪口はもっとしゃべりたい

いいこと、お勧めしたいこと以上に話したくなるのが、実は「悪口」です。

味が落ちた、接客態度が冷たい、商品に虫が入っていた、いつ行っても待たされる、経営がよくない、お店の前にいつもオーナーの高級車が停まっている……これらは、私が実際に人づてに聞いたお店の悪口です。〝人の不幸は蜜の味〟と言いますが、まさにそのとおりで、お店の悪口であっても日常会話のネタにのぼります。

●期待はずれな感動をしゃべりたい

では、具体的にお店のどのような部分を人に話したくなるのでしょうか？

特に女性は感覚的ですので、まず、満足させられたことはしゃべります。

①ガーデニングのお手入れが行き届いている（→お花がいつもきれいで「かわいい」）
②接客が親切（→心配りが「やさしい」）
③商品がいつも違う（→お客様を「飽きさせない」）
④トイレがきれい（→女性客を「わかっている」）
⑤お店がすてき（→「かわいい」「気持ちいい」）
⑥ディスプレイがおもしろい（→「新しい」提案がある）
⑦インテリアの素材がいい（→「めずらしい」素材を自分も使いたい）
⑧ユニフォームがかわいい（→私も着てみたい）
⑨BGMが心地よい（→自分の家でも流したい）
⑩ラッピングがすてき（→人にプレゼントするときに「恥をかかない」）
⑪サービスがいい（→「得した気持ち」になる）
⑫そのお店を知っていることを教えてあげたい（→自慢したい）
⑬かっこいいスタッフがいる（→共感して欲しい）

このように、例をあげてみると、どの部分を女性が見ているかがよくわかります。

商品の魅力が最大の口コミの要素ですが、商品以外の点も女性は見て（感じて）、それを話しているのですから、決しておろそかにできないものなのです。

COFFEE
COFFEE S
Bad Shop…!
Oh…

売る側の立場でリニューアルするなかれ——リニューアルを間違えないために①

●きれいになっただけのリニューアルは続きません

お店のリニューアルは、大規模に実施するほうが、販促効果が大きいことは言うまでもありません。特に売上が伸び悩んでいる場合は、「変化した印象」を持たれないような小さなリニューアルは、費用対効果があまり望めないケースが多いものです。

売上が伸び悩んでいたり、売上が落ちてしまったあとのリニューアルは、原因を追求することも大切です。原因を理解せず、安易にクロスを貼り替えたり、床材を変えるような「きれいになっただけ」のリニューアルで業績を改善することはむずかしいでしょう。

商品の改善とは別に、商品以外の問題がどこにあるのかを、まずは把握する必要があります。「売れなくなった裏には必ず理由がある」のです。

●お客様の〝満足〟を把握していますか?

ある物販のお店では、売上を上げるために売り場スペースを広げ、心地いい体験を提供していた「カフェ」をつぶしてしまいました。

このカフェは女性客にとって、ただの「お茶のみ場所」ではなく、お店のライフスタイルを体験できる販促としての役割を持つ、大切なスペースでした。満足できる体験の場を失ったお客様は、当然がっかりします。

このようなリニューアルは考えものです。お店の効率を上げるため、売上を伸ばすために考えたリニューアルですが、お客様が商品以外の何に満足して、来店していたのかを理解していなかったのです。

体験の場を奪うということは、来店客数を減らすことになります。口コミのネタをひとつなくしてしまったのです。逆に、悪口の口コミのネタをつくってしまったかもしれません。リニューアルで満足を奪われてしまったのですから、「残念よね。せっかくのカフェがなくなって」となるわけです。

「買い物する女性客とカフェの関係」の重要性を認識したのか、結局、1年後にそのお店はカフェを再開しました。売り場面積を広げても売上は伸びないし、お客様の不満の声が想像以上に多かったから、ということです。

Renewal
cafe
09
10
11
12
1
2
why…?

入口にお金をケチるなかれ——リニューアルを間違えないために②

煉瓦積みの外壁にしたいところを、合成の煉瓦模様のパネルを使用したり、ビニールテントを使ったり、プラスチックのプランターを使用したり、木の建具の代わりに建材メーカーのアルミの扉にしたり……。このように、仕上げの材料を妥協したために雰囲気をいまひとつつくりきれないケースが少なくありません。

プラスチックプランターは軽くてこけが生えず、便利ですが、安っぽい印象は避けられません。

お店をやるからには「偽物」をファサードに使うことは避けたいものです。「こけが生えるのは本物だから出せる味」と考えましょう。

そして、入口の扉を住宅用の建材メーカーのものですませるお店がありますが、非常にもったいないことです。

建材メーカーさんもデザインを工夫してはいますが、夢を与える店舗に住宅用の大量生産された扉をつけるということは、味気ない印象をあえて出しているようなものです。

やはり、扉はお客様が最初に手に触れるものですから、少し高くても、天然素材のドアノブをつけてください。

●素材は雰囲気をつくります

お金をかければいいというわけではありませんが、安い素材と天然素材（結果的に高価になる場合が多い）では、風合いや存在感がまったく違います。

入口扉の把手や看板、床や壁は、できれば大量生産の経済的なものでなく、天然素材を使うことをお勧めします（デザインによっては天然素材を使用する必要がない場合もありますが）。

忘れがちですが、お店の看板の素材も簡単にすませないことです。看板はお店の顔ですから、デザインや雰囲気を重視してコストがかかってもお店のこだわりを見せることがポイントです。

これまでご説明してきたように、印象は8割が外観で決まります。簡単で安っぽい素材は、よほど高いデザイン性がないと薄っぺらな雰囲気になりがちです。その印象は商品イメージにもつながってくるため、ファサードに用いる素材は吟味することが大切です。

ファサードのリニューアル例

リニューアル前

リニューアル後

▶「お菓子夢工房 ル・クレール」群馬県太田市

グレー1色で冷たい印象であったことと、お店の名前がファサードに見えていないこと、洋菓子店の持つ夢を与える雰囲気が弱いことが課題の店舗でした。お店のキャラクター（特徴）をつけるようにリニューアルした結果、お店の顔がわかりやすくなり、お店の存在感も生まれました。店内に引き込むようなアプローチによってお店に動きが生まれ、入りやすい雰囲気となりました。

長くお店にいさせる導線をつくれ――リニューアルを間違えないために③

●女性はじっくり選びたい

女性と男性ではお店の滞留時間が違います。男性は「目的買い」をするため、シャンプーを買うにしても、高かろうが安かろうが目的のシャンプーを買ってきます。

では女性はどうでしょうか？　近くの薬局で目的のシャンプーの値段をチェックしたあと、ほかの薬局へ行ってどちらが安いか比べます。また、別のシャンプーの値段やPOPもしっかり読んで、お得で効能のいいシャンプーをじっくり探し出すのです。

さらに、目的の商品以外もちゃんと見ています。今売れているモノ、宣伝されているモノなど、目的のモノ以外の情報もついでに集めてくるのです。どうでしょう？　この労力。男性には考えられない行動力です。

目的買いでお店をすぐ出てしまっては、楽しくありません。比較したり、お得感を考えたり、情報を頭の中で編集することも、女性にとって買い物の醍醐味なのです。

10円安い遠くのお店にたどり着くことにも苦労を感じません。むしろ「得した」という満足感で満ち溢れています。

●回遊できる導線を

このように、女性はモノを買うとき、じっくり考えて選びます。その行為が好きなのです。

それなら、お店の導線は「行って、帰る」だけの簡単な線で結んだものではおもしろくありません。

お客様が自然に店内を回遊してしまうように、コーナーにはディスプレイのスペースを設けるなどして、目と頭を遊ばせる空間をつくるのです。それは、「買おう！」というきっかけになる「販促空間」です。

女性は生活に対する想像力が豊かなため、商品を手にとり、それを使っている自分の生活を想像（シーン・メーキング）します。

商品を迷って天秤にかける行為を楽しんでいるのですから、販促空間はほかのお客様とぶつかってしまう通路側でなく、自分の世界に入りやすいコーナーや、ゆとりのある位置に設けて、できるだけお店での滞留時間を長くさせることです。

売れている物販店の平面レイアウト

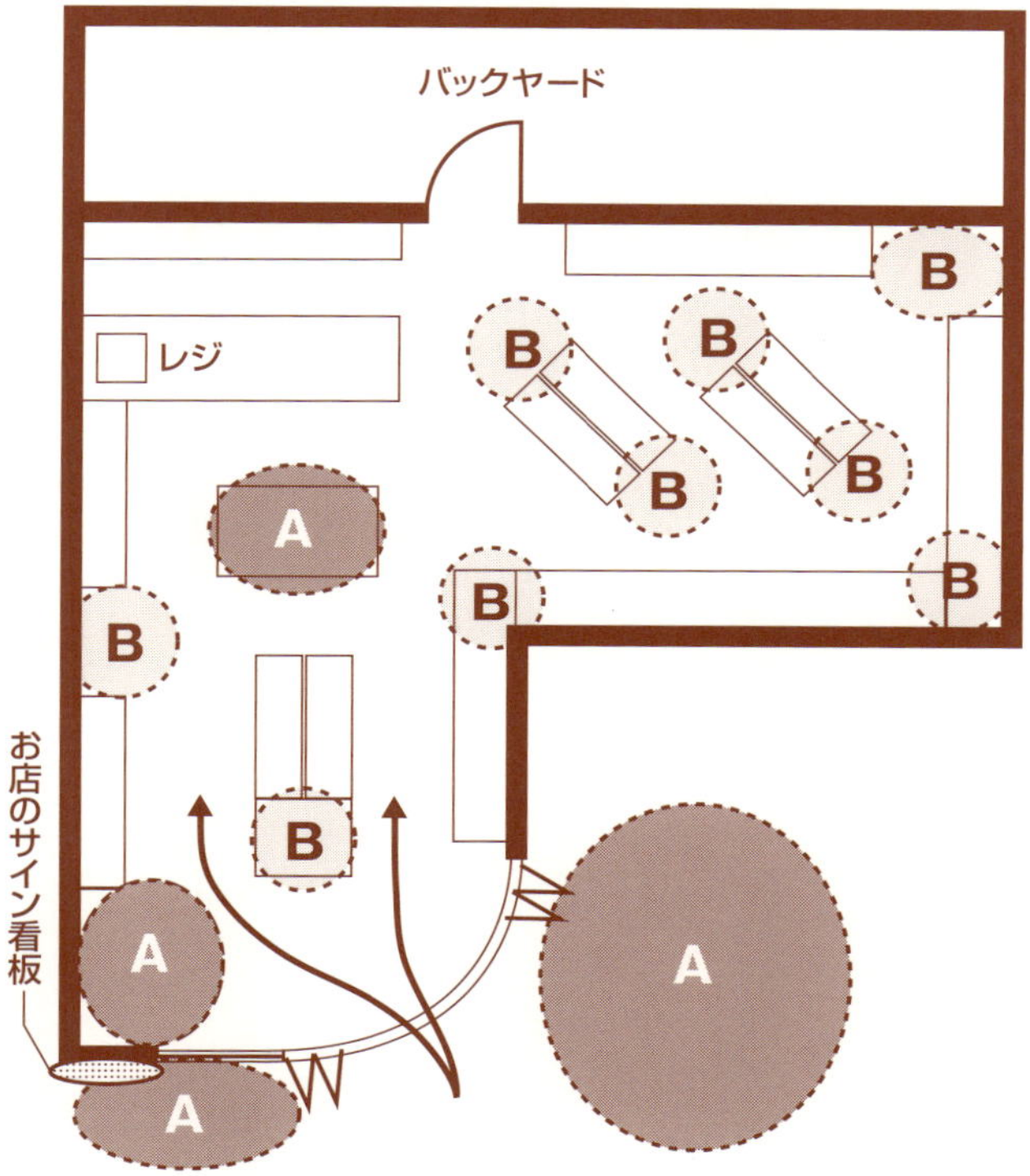

コーナーは販促スペース

A 催事ディスプレイ ➡ いつも変化しているイメージを与える

毎月の催事に合わせて、ディスプレイを月ごとに提案します。

催事用のPOPをつけたり、低めの什器でゆったりと空間を使って立体的に動きのあるディスプレイをします。

ここはもっとも目につく場所なので、いつも流動的に変化するお店の提案が目に入ることで、お客様は来店するたびに新鮮で、飽きずに買い物を楽しめます。

B 定番ディスプレイ ➡ 夢を与える

定番商品のディスプレイを提案します。

催事用のディスプレイでももちろん効果的です。

定番商品や新商品を使って商品使用時のシーンを提案します。

Attractive Facade 89

お店のスタイルに筋を通せ——リニューアルを間違えないために④

●自分のお店であって自分のお店でない

女性は常日頃、洋服のコーディネートに力を注ぎます。今日のスタイル、洋服、色、アクセサリー、靴にバッグ、ヘアースタイル、お化粧、香りなど、いろいろな雑誌を参考にして、毎日自分のスタイリストになります。

他人のチェックも怠りません。「あの洋服とあの靴じゃおかしいでしょ！　いつも、イマイチなのよね、あの人」「あの人はいつもバッチリね、どこで買っているのかしら?」と、日頃からスタイルにこだわっていますので、スタイルあるものに敏感です。

そんな女性の気持ちは、お店に対しても同様で、スタイルや雰囲気のあるお店には敏感に反応します。イマイチなお店には三行半です。見た目重視ですから、いつも同じビジュアルでも飽きてしまいます。「替わり映えのしないお店」と認識されるわけです。

自分のお店はいつもお客様から見られています。コロコロとスタイルを変える訳にはいきませんので、そのスタイルを貫きとおすことです。中途半端な印象にならないように、お店のスタイルの質を接客や陳列方法、売場のレイアウト、導線で表現することです。お客様の視点でどうあるべきかを考えることです。

●「いいとこどり」は迷うもと

熱心に他店を見回って、それぞれの「いいところ」を自分のお店に当てはめてしまうオーナーさんは少なくありません。自分のお店のスタイルやコンセプトというフィルターをとおすこともなく、他店のスタイルをあてはめようとする——これは、自分のお店のコンセプトを見失う原因になります。「いいとこどり」をした結果、まとまりがつかなくなり、お店の「持ち味」が薄れてしまうのです。

他店のまねも販促方法のひとつの手法ですが、そのときは必ず「自分のお店のスタイルとして、あったほうがいいのか」を吟味し、取り入れる際には自分のお店のスタイルに編集し直すなど、自分のモノにできることを確信してから実施しましょう。「いいとこどり」をすることで、結局何をしたいのか、何が「ウリ」のお店なのかが曖昧にならないように気をつけてください。

外観

内装

カフェ

▶洋菓子店のリニューアル新築 「菓匠しみず」長野県伊那市

お店の雰囲気をつくるには外装、内装、外構とも1本のコンセプトを壊さないことです。この雰囲気が販促の訴求力となりますので、統一することが大切です。

内装の素材やディスプレイなど、単品それぞれがすてきであっても、それがお店のスタイルに合っているかどうかが大切です。オープンしてから時間がたつとそのコンセプトも薄れがちで、いいとこどりの寄せ集めのような状況になるお店も少なくありません。お店のスタイルを統一することこそ、「体験を売るお店」には大切なことです。

店をつくるな、雰囲気をつくれ――リニューアルを間違えないために⑤

●女性の買い物パターン

88項で「滞留時間を長くすること」と記しましたが、滞留時間と売上は、実は比例しています。

女性は比較検討にかなりの時間を費やし、商品をしらみつぶしに調べ、納得したうえで商品を購入します。目的の商品でなくても自分の〝欲しいものリスト〟に入れるかどうかを考えながら、店内を歩き周り、商品を眺め、店員に質問して、楽しみながら買い物をします。

男性では考えられないことですが、女性は女友達と2人で「似合う、似合わない」をお互いに見て、感動を共有しながら買い物をします。このため、1人だけのときより多くの時間を費やします。

女性同士の買い物だと、財布のひもも緩くなるのはたしかです。

店員に「似合う」と言われるより、友達の「似合う」というコメントを信頼し、素直に受け入れるうえに、虚栄心も働いて、購買に結びつきやすいのです。

また、友達が買ったものが欲しくなり、お揃いで同じモノを購入するということもあります。

●滞留時間を長くするには

女性の気に入るお店、特に〝友達を連れて来てくれる女性達〟が気に入るお店にするには、長くじっくり買い物を楽しんでもらうための演出が必要です。

①女性はお店での感動を共有しながら買い物するので、店を〝箱〟というハードと捉えるのではなく、話のネタになるような雰囲気をつくること

②スタッフとの接触が増えるほど売上が伸びるため、気軽にスタッフに話しかけられる雰囲気にすること

③女性は全神経を使って買い物するので疲れます。お茶ができるカフェを設けるなど、休憩できるスペースをつくること

④音による心地よい雰囲気をつくるために、「心地よさ」が耳にとまるBGMを選ぶこと

⑤お客様の〝買い物モード〟を邪魔しないためにも、什器でスタッフの視線を遮るようなレイアウトにすること

お店での滞留時間を長くする方法

1 ネタを多くつくれ!

「他店と違う商品」「POPがおもしろい」「ディスプレイがいつも新鮮」「お店のスタイルがすてき」など、話したくなるお店の特徴が多いほど、お客様は興味津々です。やがてその特徴は口コミのネタになります。

2 かまって欲しくないけど、冷たくしないで!

入店するやいなや、待ってましたと言わんばかりに「何かお探しですか」と近寄って来られると、煩わしくて、買い物モードに入れません。放っておくべきですが、お客様に尋ねられたときは、お話しするチャンスです。そこで事務的に内容を答えるだけでは売上は伸びません。

3 息抜きさせて!

商品選びには結構神経を使うものです。お店の中に、息抜きするスペースをディスプレイで鑑賞させたり、ソファや椅子、カフェがあると言うことなしです。ただし、取ってつけた休憩スペースはデパートの喫煙所のように味気ないモノです。お店のスタイルを体験させる場と考えた癒しの息抜きスペースがとれるといいでしょう。

4 BGMが引き止める!

お店のスタイルとBGMがマッチしていると、空間がより引き立ちます。特に最近は、自分の香りを持つ人が多いように、お店も音という香りを持つことです。耳に残る残り香のような心地よさは、お客様の足を引き止めます。

5 見とおし悪いレイアウトを!

実は、.防犯上よくないとされる「見通しの悪い囲まれた空間」で買い物するほうが、ワクワクします。自分の世界に入って商品探りができるからです。入ってすぐお店の壁までスコーンと抜けたレイアウトやデザインでは、これから見る映画のオチを最初に聞かされるようなものです。

10章

「入りたくなる」販促

Attractive Facade 91

工事中が大きな販促——オープンまでにするべき販促①

●期待がふくらむ工事中

店舗の新築やリニューアル工事というのは、その前を通る人たちにとって「何ができるのだろう」という興味をかきたて、前を通るたびに見てしまうものです。

「カウンターがあるから寿司屋だよ」「いや、ラーメン屋だよ」「どんな人がシェフなんだろう」「このあたりだったらイタリアンがあるといいよね。それも気取らないようなお店の」「あの広さだったらコンビニじゃない。コンビニだったら○○がいいな……」など、お店の業態が見えてくるまで、日常会話に頻繁にのぼります。

「自分だったらこんなお店がいい」など、工事中はさまざまな期待がふくらむのです。お店ができるということは、付近の人にとっては生活に関わる大きなことでもあるのです。

●職人さんも大切に

工事中は、工事現場の職人さんたちとの関わりも大切です。オーナーは、実際にはデザイナーや現場監督としか顔を合わせる機会がないものですが、私が携わる物件では、左官屋さん、電気屋さん、タイル屋さんなど、皆さん顔を合わせて挨拶をしてもらいます。いいお店をつくってもらうには、心からのふれあいも大切です。工事に携わる方も「人」なので、ふれあいによって情が生まれます。

現場監督さんに恐い顔で「これやっておけ」と指示されるより、「いつもご苦労様です。よろしくお願いします」と、オーナーがお菓子のひとつでも持っていくことで、つくり手の士気も高まるものです。

●オーナーは昔ながらの気配りをしよう

工事の様子がお店への苦情につながる可能性もあることから、工事の進め方や作業者の行動もひとつの販促と考えられます。

食べたものやたばこの吸い殻を散らかすことのないように、車の駐停車でご近所に迷惑をかけることのないように、現場監督さんに任せっきりにするのではなく、オーナーさん自身も気にとめることが大切です。それには、言葉だけで指示するのではなく、昔ながらのやり方——お茶やお菓子でねぎらうことも大切です。

看板は早く着けるべからず——オープンまでにするべき販促②

工事は販促の大きなチャンスですから、業態やオープン日を告知することを忘れないでください。

しかし、前項でお話ししたように、お店の存在を気にしてもらうためには想像する楽しさも必要なので、工期中盤ぐらいまでは伏せておき、6割がた工事が進行してからオープン告知看板を掲げるのが効果的です。車からでも目に入る看板を設置しましょう。2～3万円出せば告知看板はできるので、お店ができるワクワク感をお客様に与えてください。

●告知看板には何を書く?

告知看板に何を書くかで、お客様の関心は変わってきます。「○○店、2月10日オープン」だけでも、もちろん告知の役割ははたせますが、色気がなさすぎておもしろみがありません。

①お店のロゴを見せる

パソコンの文字で事務的に告知するのではなく、お店のロゴマークも入れましょう。お店の名前をマークによって知ってもらうチャンスです。

②オープン日を知らせる

言うまでもありませんが、オープン日はとにかく大きく、はっきりと表示します。オープン日を斜めにするなど、動きを出して目立たせることです。

③どんなスタイルのお店か想像できるコメントを入れる

せっかく「体験」をウリにしたお店をつくるわけですから、「季節の花を楽しめるガーデンテラスが待っています」など、お客様がどんな「ワクワク」を体験できるのかをイメージさせる文章を短く簡潔に入れましょう。

④リニューアル移転の場合は、現店舗には移転先の住所と地図を、工事現場には現店舗の住所と地図をつける

新規オープンでは必要ありませんが、移転の場合にはお客様を逃がさないためにも早めに移転先を告知する必要があります。

⑤しっかり大きく

基本的なことですが、看板を行き交う人の目に入れたいのであれば、目立つ色と目立つ大きさが必要です。そうでないと、意味のない飾りになってしまいます。

工事現場に設置した告知看板

今秋
OPEN！
洋菓子店『ヴェールの丘』が、
今秋、新しく生まれ変わります。
ヨーロッパの田舎街のお家をイメージした、
手作りの温もりを感じるかわいいお店です。
季節の花に囲まれた、
ステキなガーデニングもあります。
是非オープンの時は遊びに来てください。
COLLINE de VERT
菓子工房 ヴェールの丘
スタッフ募集！
※詳しくは下記連絡先までお願い致します。
現店舗住所：『彩菓工房 ヴェールの丘』
[redacted] TEL：[redacted]

▶工事中からお店の販促ははじまっています。

新築で建てる場合は、上棟式が終わって屋根がついたあたりで設置します。
リニューアルの場合は造作木工工事が終わったぐらいに設置します。
オープン日が未定の場合はこのように、今春、今秋などのような表現にします。
工事中からお店の販促ははじまっています。
「何のお店、どんなお店、いつオープン」がわかる看板を設置してください。

近所の人は味方につけて——オープンまでにするべき販促③

●工事前にご挨拶

特に住宅地にお店をオープンさせる場合は、工事によってなんらかのご迷惑をかけてしまうものです。家の前の路上に駐車された、ゴミが散らかる、うるさい、臭いがする、などしばしば厳しいご注意を受けます。

同じ注意・苦情を受けるにしても、関係が良好でなかったために警察に通報された、などということは避けたいトラブルです。

そうでなくても、長くおつきあいしていかなければならないご近所さんですので、関係はいい状態でありたいものです。いらぬ噂というのは、実はご近所が発信源だったというケースも少なくありません。

まずは、お店を出す側が挨拶をしましょう。ご近所と良好な関係を築ければ、ご近所さんがスタッフに変わってお店の紹介・宣伝をしてくれることもあります。

①工事前にご挨拶

工事前の挨拶は基本です。手みやげを持って、どんなお店であるかをご自身の名刺を渡して説明してください。お店の宣伝が目的ではありませんので、工事でご迷惑をおかけすることに対して、ていねいに頭を下げることです。

②工事終了日にご挨拶

工事終了時には、迷惑をおかけしたことへのお詫び、我慢してくださったことへの感謝の気持ちと、オープン日のお知らせのほか、オープン後2〜3日はお客様がたくさん来店して再度ご迷惑をおかけすることに頭を下げてください。そのときも手みやげを持って行きましょう。お店の割引券なども喜ばれます。

③オープン1週間後に文書でご挨拶

何度も伺ってはうっとうしいと思われかねないので、オープニングフェアの雑然とした状況を我慢してくれたことに対する感謝の文章を、ポストに入れておくといいでしょう。ご近所に気遣うオーナーの人柄がにじみ出て、気持ちよくその後のおつき合いをはじめられます。

④迷惑がかかりそうなときは事前にご挨拶

このほか、迷惑をおかけしそうなときは事前にご挨拶をすることです。

近所にはいつ挨拶に伺うべきか？

1 工事前にご挨拶

お店の宣伝ではありません。
お詫びするのです。

お店と一緒で第一印象が大切です。
人間性が感じられることが大切です。
どんなお店なのか説明して
安心してもらいましょう。

挨拶内容

- 工事は何月何日から？
- 何時から何時まで？
- 音がうるさいこと。
- 臭いがでること。
- 車の往来があること。

2 工事終了日にご挨拶

迷惑をかけたにもかかわらず我慢してくれたことに感謝してください。
オープニングフェア中にご迷惑がかかることをお詫びしましょう。
お店のオープン告知や、お店のことも知らせてください。

挨拶内容

- ご協力してくださったことに感謝すること。
- フェア中はまた迷惑かけること。
- お店のオープン日。

3 オープンして1週間後に文書でご挨拶

※オープニングフェアで人が溢れかえっていて騒音やゴミなどで迷惑をかけた場合

特にご迷惑をかけた場合は挨拶に伺いましょう。
それ以外は、文書でサービス券などをそえてポスティングしましょう。

4 迷惑がかかりそうなときは事前にご挨拶

事後報告にならないように、工事などがある場合は事前に連絡しておきましょう。

移転・リニューアルは事前告知で客逃がさず——オープンまでにするべき販促④

●移転リニューアルの場合

移転するとなるとお店の場所が変わってしまいますが、できれば現在来てくれているお客様を逃したくないのは当たり前です。

お客様を逃がさないためには、お店の移転先地図を入口に貼っておくだけでは不親切です。それぞれのお客様は毎日来店しているわけではないので、2ケ月くらい前から地図つきの案内を手渡しして告知しましょう。

もうひとつ大切なことは、移転して現在のお店よりよくなるわけですから、たとえば、新店舗の雰囲気、新商品の情報、追加されるサービスなど、よくなる部分を記入することです。「リニューアルオープン」というだけの告知では、芸がなさすぎます。

●リニューアルの場合

現店舗をリニューアルする場合、工事中ずっと営業しないケースはまれで、仮囲いをして、できるだけ営業しながら工事を進めることが多いものです。

当然ながら、この状態はお客様にご迷惑をおかけしています。工事中の安全確保に注意するのは言うまでもありませんが、工事中に足が遠のくことは避けられません。

その分、工事中に来店してくださったお客様には、「ポイント2倍」などの小さなプレゼントで、ちょっと得した気分を味わってもらいましょう。

女性は「ただでもらえる」ことが好きです。ちょっと不快なことがあっても、おまけのサービスで表情が緩むことは少なくありません。

また、リニューアル後に、「リニューアルの告知チラシを持って来店するとプレゼントがもらえる」という販促も有効です。この場合には有効期限をつけたほうがいいでしょう。

以上のように、リニューアル時の販促をきちっと押さえておくと、これまでのお客様を逃がすことなく、お客様の他店への流出を防ぎます。

リニューアルは売上アップの絶好のチャンスなので、工事業者との日々の打ち合わせが忙しくても、販促のチャンスを逃さないことです。

▶お客様を逃さない移転の告知

これは、オープン告知の折込みチラシではありません。

来店されたお客様に移転リニューアルすることを告知する手渡しチラシです。

移転する場合は、閉店したと思われないためにも、2~3ケ月前から早めにお知らせしてください。

内容は、住所と地図とオープン日(※オープン日がわかれば)と、休業期間がある場合はその期間、どんなお店かをイメージさせる内容も書いてください。

オープンチラシはどんな内容?——オープン当日の販促①

お店がいよいよオープンするというときには「いつ告知するか」「どんな内容にするべきか」、販促計画をしっかりたてることが重要です。

チラシは配布することが目的ではないため、単に配ればいいというわけではありません。しっかり集客するためには「いつ、どのように、何を」配布するべきかを考えましょう。

●オープンチラシの内容

①いつ・何曜日・何時オープン・どこで

「日付、曜日、時間」を「大きく、太く、目立つ色」で、そして、「わかりやすい地図」を書いてください。駐車場がある場合には一方通行を示すなど、ドライバーが見やすい地図であることも大切です。

②オープニングフェアの特典

オープニングフェアで商品を20%OFF、という具合に割引く販促もありますが、あまりお勧めできません。なぜなら、割引きが商品価値を落とすことになりかねないことと、フェアのときは集客できても、その後の集客がしにくくなる恐れがあるからです。オープニング時のフェアに限らず、割引きという販促方法は、ライフスタイルを売るお店では慎重に計画する必要があります。

割引き以外には、「先着何名様に△△プレゼント」「○○円以上ご購入のお客様に△△プレゼント」「オープニングフェアの購入金額の半分を後日割引き」などがあります。プレゼントを差しあげる場合には、その後も購入してもらえるようなお店の商品にするといいでしょう。

③お店の紹介

お店の特徴、オーナーの簡単な挨拶、お店の外観の写真やイラストを使って、直感に訴えかける表現でお店を紹介してください。

④折込みチラシはいつ配布する?

土日にオープンする場合は、土日の朝にゆっくりとチラシをチェックしていただけるよう、オープン当日か前日の朝刊に入れるのが最適です。平日のオープンなら、朝はゆっくりチラシを見る余裕がないため、2日前か前日の朝刊に入れましょう。

▶オープン日に行きたくなるチラシ

商品価値を下げるような○○%OFFという販促は避けたほうがいいでしょう。

大切なのは商品をプレゼントするなど、お店の宣伝になるような販促を考えることです。

イメージ広告になりすぎないよう、わかりやすくすることが大切です。

「行列」だって販促です――オープン当日の販促②

●行列に行列する

オープニングフェアを実施すると、たいていオープン1～2時間前から人が並びはじめ、行列ができます。

ある洋菓子店がオープンしたときには、平日オープンでしたが、2時間ぐらい前からぽつりぽつりと人が集まりはじめ、1時間前には結構人が集まってきました。

オープニングフェアは2日間で、フェアの特典は1000円相当のお菓子（商品）を来店者全員に配るというものです。このプレゼントはお店のウリの商品で、その後のヒット商品になって欲しいという意図から選びました。

行列に並ぶ人たちは、女友達どうしで子供を連れていたり、本を読んでいたり、結局400名くらいの方が1日に並んでいました。

長い行列にもかかわらず並んでくれるということは、お店にとって非常にありがたいことです。行列はオープン初日に花を添える最大の販促となるからです。

なかには、行列を見ただけで並んでしまった方もいるようです。行列を見ると、「何か得することがあるのだろう、自分も得したい」と、心が騒ぎ、並ぶのはイヤだけど、プレゼントをもらえるなら、と我慢するのです。

待たされた分だけ期待も大きいので、つまらないものをあげて失望されることは避けたいものです。オープニングフェアはお客様に知ってもらうことが目的のお祭りですから、儲けを第一に持たないようにしましょう。

●行列の人にも心配りを

オープニングフェアでは、行列が道路をふさいでしまうなど、近所の方にとっては迷惑することも発生します。このため、かなりの行列が予想される場合は警備員を依頼することも検討すべき課題です。「警備員を雇って迷惑にならないよう気を遣っているのです」という姿勢を示すことが大切です。

そして、何時間も何十分も並んでくださるお客様の退屈を紛らす心遣いも考えたいところです。

コーヒーを配ったり、洋菓子店やパン屋なら焼きたてのクッキーを配ったり、子供たちに風船を配ったり……こういった心遣いは好印象を残します。

Renewal.
OPENING FA
Renewal!!

当日はシェフか店長がお出迎え――オープン当日の販促③

オープニングフェア当日は大忙しで余裕がなくなりがちですが、フェアの目的は、お店の名前と存在を知ってもらい、気持ちよく帰ってもらうことと、来られた方たちにリピーターとなって来店し続けてもらうこと、です。

忙しい状態はお客様も十分承知です。そんな中でも心遣いを見せることで、オーナーの心、そして息吹を感じてもらえれば、多少の不満は解消されます。

●「お店の顔」がお出迎え

シェフや店長がお出迎えすることもひとつの方法です。つくり手の顔をオープニングフェアで知ってもらうことは、お店を知ってもらうチャンスです。気さくな人柄を感じてもらうことで、お店とお客様の距離が近づきます。

これも洋菓子店のケースですが、ある有名パティシエのお店では、オープン後も、できるだけそのパティシエがお客様と応対する時間をつくっていました。

お菓子の商品説明は、スタッフにしてもらうより、パティシエやシェフにしてもらったほうがありがたい気持ちになります。説得力もあります。売場スタッフのユニフォームと違った、コック帽と白衣のシェフの姿を店内で見られるということは、それだけでひとつのパフォーマンスになります。

●「安心」も販促

また、こだわりの商品を一つひとつ心を込めてつくっているという手づくり感をウリにしているお店では、つくり手の顔を見せることが安心につながります。この場合、「どんな人がこの商品をつくっているのか」を知ってもらうこと自体が販促と言えます。

●事前準備で担当を決める

前述したように、オープニングフェアでは、多くの方の接客に追われるため、行列の整理、駐車場や人の誘導、お客様の出迎え、レジでの誘導、プレゼントの配布など、全体の流れを事前に計画することで混乱を回避しましょう。この際、各作業に担当者を置くと、「誰かがやってくれるだろう」という他人任せを防げます。

また、当日は全体を見る担当者を置くとスムーズに流れます。

Thank you!!
Renewal special CAKE!

ディスプレイは大いなる販促です——入らせる販促①

●飾ることがディスプレイではありません

「ディスプレイは、お店が寂しくならないように飾ることでしょ?」と考えていらっしゃる方！　それは大きな間違いです。

繰り返しお話ししていますが、ある調査によれば、実に消費者の85%は「買いたいモノがない」と感じているのですから、「モノが売れない時代にモノを売っていて、売上が上がるわけがない」という意識を持つことが大切です。

●五感に訴える演出こそがディスプレイ

ひと言で言えば、現代は「実はこれが欲しかったんだ」という潜在的な欲求を呼び覚ます〝感動体験〟があるお店が生き残る時代です。

つまり、いかに消費者に「これが欲しかったんだ」という気持ちにさせるかが、売上を伸ばす最大の鍵なのです。一度、そのお店の「ライフスタイル」に共感した人なら、お店に並ぶすべての商品に、自分だけの必然性を見出してくれます。「今度はどんなすてきなモノとの出会いがあるだろう」と期待して、再び来店してくれます。

お店を〝感動体験〟の場とするには、また、商品を選ぶ時間をすばらしいものにするには、「楽しい、和む、癒される」などの「心の充足感」が得られることが必要です。

わざわざ出かけて行く価値のある場所と感じてもらえるように、お店の環境を積極的に演出する必要があります。この「環境を積極的に演出する」ことこそがディスプレイなのです。

まずは、「ディスプレイがいかに販促を左右するか」を、もっと言えば、「ディスプレイは販促そのものである」ことを理解しなければ、五感に訴えかけるシーンをイメージすることはできません。

ただ単にモノを陳列するだけのお店には感動がありません。お店のライフスタイルにお客様が共感してはじめて、商品を共有したくなる、つまり買いたくなるのです。

したがって、ディスプレイで五感に訴えかけるお店をつくることこそが「勝ち組」になる大切なポイントとなるわけです。

ディスプレイ

お客様が見て、触れて、感じるモノすべてがディスプレイ

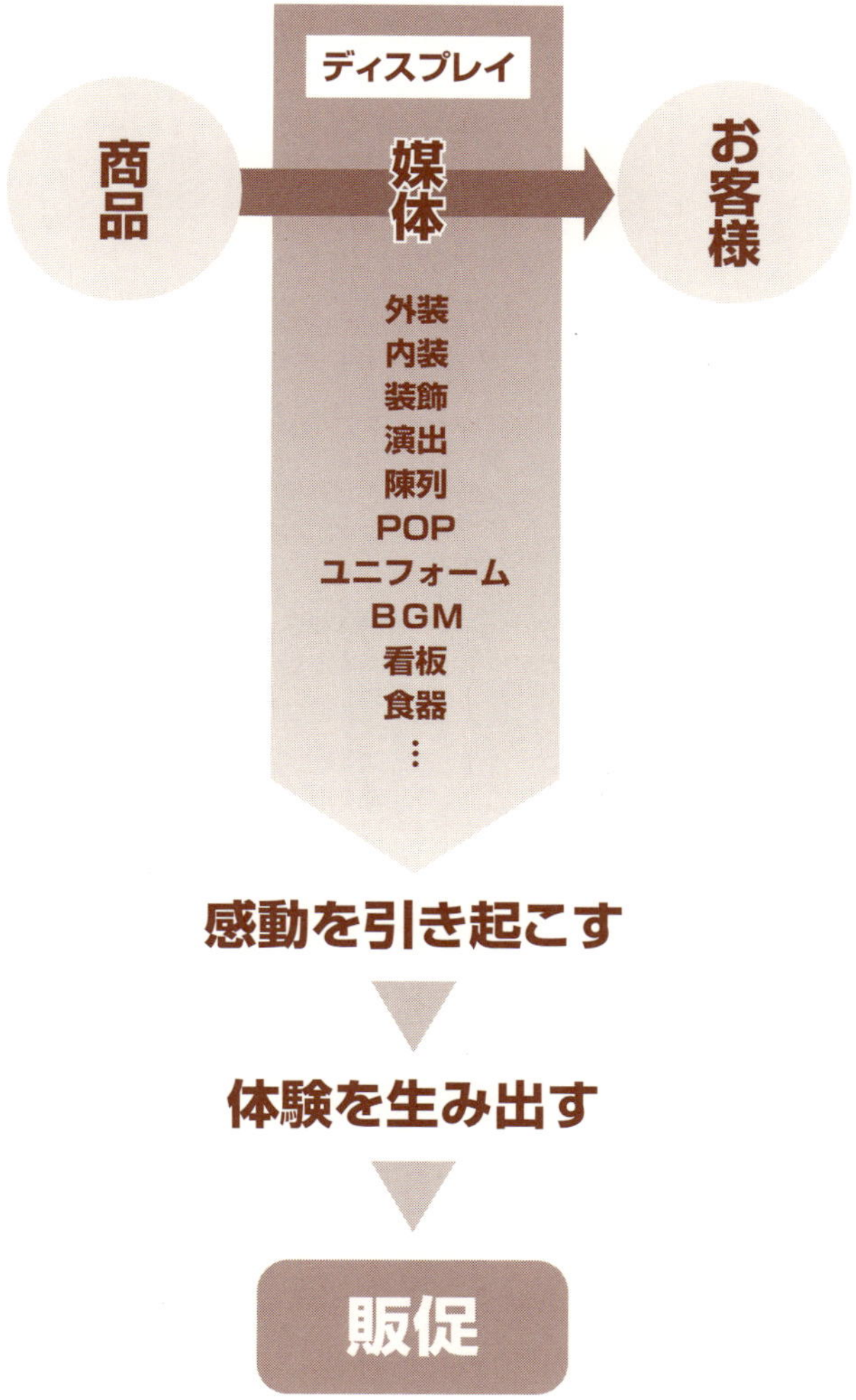

ホームページは大いなる販促です――入らせる販促②

●ホームページは公開することが目的ではありません

技術のめざましい進歩と情報関連企業の努力によって、インターネットは私たちの生活に身近なものになりました。ホームページも、作成自体はむずかしくなく、簡単に情報を発信できるようになりました。

さて、問題はここからです。お店のホームページにとっては、いかにホームページを「多くの人に見てもらうか」が課題です。

お店がホームページを開設する目的は、公開することではなく、ホームページを使っていかに集客へつなげるか、にあるのですから。

ホームページをとおして注文や商品への質問が寄せられ、ネットショッピングの商品が飛ぶように売れる。さらに、お店の理念やスタイルに共感して励ましのメールが届く――これではじめてホームページが意味を持ちます。

●ホームページの質でお店の質が見えてくる

店名と商品と地図を載せただけの平面的な内容のホームページでは、お店の存在価値が見えません。ぜひ、以下の点に注意してください。

①トップページは重要

文字と絵による直感的な表現を心がけましょう。トップページで逃したお客様は二度と取り返せません。

②わかりやすいページでユーザーに訴えかける

盛り込む情報を整理し、ページの構造をシンプルにしてください。必要以上にリンクさせないことです。

③頻繁な更新

リピーターの期待を裏切らないためには新しい情報を更新し、情報がない場合には挨拶などを載せることで、お店の日々の息吹が感じられるホームページにしてください。

④迅速なレスポンス

お客様からの問い合わせには、すばやく答えましょう。

⑤ホームページの広告宣伝

ヤフーなどの検索ページへの登録はもちろん、情報発信してくれる個人のホームページへのリンク依頼はまめに行なうと、アクセスアップにつながります。

売れるホームページ

ホームページはもうひとつの自分のお店です

お店の名前と住所と連絡先と地図だけのHPでは
心にひっかからない!

HPにはお店（オーナー）の志や人間性が出てきます。
HPはお店と同じです。
お客様はHPからも
感動体験を実感しているのです。

重要

1
お店の顔
トップページ

2
商品構成と陳列
わかりやすい
イラスト/写真/文字に強弱つけて
わかりやすく、読みやすく

3
新商品
頻繁な更新
新しい情報提供

4
接客
早いレスポンス
問い合わせへの
返事はすぐに

5
販促
HPの宣伝
関連HPにリンク

口コミは大いなる販促です――入らせる販促③

折込みチラシの、配布枚数に対するレスポンス率をご存知でしょうか？　なんとたったの３％にすぎません。

１回のチラシ製作料と折込み料が30万円とすると、年に4回折込みチラシを入れたら１２０万円ものコストがかかります。個人店には大きな数字です。これで３％の反応なら、１２０万円を顧客満足のためのサービスに充当したほうがよほど効果があるように思えます。

●顧客満足が口コミをはじめる

お客様の満足は、「いい商品」「安い」「おいしい」「得した」という商品に対する満足と、「心地いい」「楽しい」などのお店に対する満足があります。

実は、商品への満足による口コミは、大きな広がりを期待できません。生活が豊かになり、モノが溢れている現代では、商品がある程度いいことは当たり前だからです。

また、商品の品質については売る側ほど知識がないので、判断できる範囲も限られます。

そうなると、「いい」か「悪い」かの判断は、お店自体に向けられます。お店に対していかに満足したか、不満に思ったかをお客様は周囲に話したくなるのです。つまり、「心地いい」「楽しい」「癒される」など、感動体験を提供することが、口コミの大きなネタになり得るのです。

特に女性は、お店で受けた感動体験を誰かと共有したいと思い、友達に話し、一緒にお客様を連れて来てくれます。女性の友達同士ならもともと価値観が近いため、口コミによる販促は、早く、大きな効果を得ることができます。

●新しい体験を売る舞台をつくる

「店」というと、どうしても「商品を売るための箱」で、単に「モノやサービスを売る場所」と考えられがちです。

しかし、本書でこれまでお話ししてきたように、お店はもはや、モノを並べるところ、サービスを提供するところにとどまりません。来店するお客様が「新しい体験」を得るための「舞台」であると認識を改めましょう。

お店のオーナーやスタッフが、舞台の大道具、照明、音響、衣装、役者となり、そこで演じられるストーリーやシーンがお客様を感動させるのです。その感動があってはじめて、人は、周りに口コミしてくれるのです。

your shop
NO1!!
menu GOOD!
sense GOOD!
space GOOD!
100 / 100

著者略歴

神田美穂（かんだ　みほ）

「店舗開発企画 G-planning」代表。

1967年、広島県生まれ。自動車メーカーに勤務時代、デザイン企画部門で、新車の企画や新車のヴィジュアルイメージフィルム制作を担当。トレンドの市場調査を行なったり、ターゲットユーザーのライフスタイルのシーンづくりを独自のスタイルでヴィジュアル化していく。退社後、インテリアデザインを学び、設計事務所にて商業施設のデザイン設計を行なう。売れるための店舗づくりを消費者心理から追ってゆき、店舗立ち上げにおけるコンセプトメーキングから店舗デザイン、パッケージデザイン、販促ツール制作、ＰＯＰやメニュー制作、web制作まで店舗トータルプランナーおよびトータルデザイナーとして活躍。特に飲食業界および洋菓子業界での実績を築き上げ、2001年10月、モノを売るという視点で店づくりを考えるのではなく、顧客が「感動する店づくり」を実践するために「店舗開発企画 G-planning」を設立する。自らが携わった数々の実践現場をもとに、消費者心理を解読しているので、机上の空論とは違い内容に説得力があると高い評価を得ている。

著書に『売れるディスプレーはここが違う』（同文舘出版）。

店舗開発企画 G-planning

URL：http://www.g-plan.jp

なぜ、あの店に入りたくなるのか

平成18年 7 月14日　初版発行

編著者 ―― 神田美穂

発行者 ―― 中島治久

発行所 ―― 同文舘出版株式会社

東京都千代田区神田神保町1-41　〒101-0051
電話　営業03（3294）1801 編集03（3294）1803
振替00100-8-42935

©M.Kanda ISBN4-495-57191-5

印刷／製本：壮光舎印刷　Printed in Japan 2006

仕事・生き方・情報を　DO BOOKS　サポートするシリーズ

あなたのやる気に１冊の自己投資！

集客効果ナンバーワン！

売れるディスプレーはここが違う

モノが売れない現代、「ディスプレー」こそ最後の販促手法。「ディスプレー」で店に感動を演出しよう！

神田美穂著／本体1,700円

お客様に感動を与え、商品を売るための舞台装置としてのディスプレーの上手なやり方を、豊富な実例に基づいてビジュアルに解説！

面白いほど売れる！

商品陳列の法則99

お客様が“わざわざ”足を運びたくなるお店の商品陳列法とは？

福田ひろひで著／本体1,600円

商品の陳列の仕方、色と照明の効果的な使い方、ＶＭＤ（ビジュアルマーチャンダイジング）の捉え方と表現方法などがわかる！

図解　なるほど！　これでわかった

よくわかるこれからのマーチャンダイジング

店頭で発生している機会損失を減らし、失われている売り上げを取り戻すためのＭＤ活動のあり方がわかる！

日野眞克著／本体1,700円

業態や売場を起点とした、「消費者にとって買いやすく選びやすい品揃えや価格」、それを実現するための「物流、商品調達の仕組み」とは？

同文舘出版

※本体価格には消費税は含まれておりません。